Nietzsches Soziologie bei Weber und Freyer

Michael Pape

Nietzsches Soziologie

bei Weber und Freyer

Bibliografische Information der Deutschen Nationalbibliothek: Die Deutsche Nationalbibliothek
verzeichnet diese Publikation in der Deutschen
Nationalbibliografie; detaillierte bibliografische
Daten sind im Internet über dnb.dnb.de abrufbar.

Printed in Germany 2017
Herstellung und Verlag
BoD – Books on Demand, Nordersted
ISBN: 978-3743195233

Inhalt

Einleitung

Wenn man Kaufmann glaubt, hat es vermutlich „so gut wie keinen gebildeten Deutschen nach 1900 gegeben, der nicht irgendwie von Nietzsche ‚beeinflußt' war".[1] Für Thomas Mann war Nietzsche sogar „das höchste geistige Mittel".[2] Diese große Anerkennung Nietzsches schlägt sich gerade auf die Gesellschaftswissenschaften nieder. Baier zufolge steht die ganze deutsche Soziologie unter Nietzsches Bann, durch dessen „Topos" Soziologie – der Anti-Soziologie. Baier sieht sogar den wesentlichen Unterschied zur englischen oder französischen Soziologie in diesem, von Nietzsche inspiriertes, deutsches Bestreben, die Soziologie aufzuheben.[3]

Lichtblau zeichnet die Soziologie der Jahrhundertwende dementsprechend vor dem Hintergrund

---

[1] zitiert in Germer, A.: Wissenschaft und Leben. Max Webers Antwort auf eine Frage Friedrichs Nietzsches. Göttingen: Vandenhoeck und Ruprecht, 1994:63.

[2] zitiert nach Hennis, W.: Max Webers Fragestellung: Studien zur Biographie des Werks. Tübingen: Mohr, 1987:169; vgl. auch Hennis, W.: Der Typus Mensch und sein Verhängnis. Nietzsches Genius im Werk Max Webers. In: Frankfurter Allgemeine Zeitung Nr. 284 vom 7.12.1985.

[3] Baier, H.: Die Gesellschaft – Ein langer Schatten des toten Gottes. Friedrich Nietzsche und die Entstehung der Soziologie aus dem Geist der Décadence. In: Müller-Lauter, W. und Gerhardt, V. (Hrsg.): Nietzsche-Studien Bd. 10/11. Berlin, New York: Walter de Gruyter 1981/82:6-33 (S.27 und 32); vgl. auch Lichtblau, Klaus: Kulturkrise und Soziologie und die Jahrhundertwende: zur Genealogie der Kultursoziologie in Deutschland. Frankfurt am Main: Suhrkamp 1996:83 zu Nietzsches Anti-Soziologie.

Nietzsches nach. Damals setzte die Nietzsche-Rezeption in Deutschland ein. Der Geist der damaligen Kulturkritik war nach Troeltsch[4] wesentlich von Nietzsche geprägt. Die Gemeinsamkeit der verschiedenen Stilrichtungen innerhalb dieser Kulturkritik ist für Lichtblau die „Präsenz einer mehr oder weniger weit reichenden Nietzsche-Rezeption".[5] Nietzsche prägte eine neue Sichtweise der Soziologie. Anstelle der soziologischen Forschung tritt bei Nietzsche „eine genealogisch verfahrende *Psychologie*" in den Vordergrund und er problematisiert nicht die soziologische Begriffs- und Theoriebildung, „sondern die soziologische Denk- und Wertungsweise selbst, deren geschichtliche Herkunft er im Rahmen des umfassenden Projekts einer *Genealogie der Moral* zu rekonstruieren versucht."[6]

Nietzsches radikale Botschaft vom Kulturverfall als Folge eines „Vergesellschaftungsprozesses der allgemeinen Dekadenz"[7] blieb nicht ohne Konsequenzen für die deutsche Soziologie. Zwar wurde ihm auch eine „speculative Methode der Sociologie"[8] vorgeworfen, doch fühlten andere „den hebenden Einfluß Nietzsches". „Alles, was er schrieb, dient im Grunde der Gesellschaftswissenschaft, ..." sagte Breysig.[9] Tönnies Warnungen vor

---

[4] zitiert in Lichtblau 1996:77-78, Anm. 1.
[5] ebd. S.79.
[6] ebd. 85
[7] Lichtblau 1996:86.
[8] Stein zitiert in Lichtblau, S.87.
[9] beide Zitate in Lichtblau, S.88-89.

8

den „schädlichen Auswirkungen" der Nietzsche-Lektüre wurden von ihm selbst schließlich auf seinen möglichen Neid auf Nietzsche zurückgeführt.[10] Simmel warf Tönnies vor, er verkenne Nietzsches Werk und hob Nietzsches Errungenschaften hervor.[11]

Diese Errungenschaften sind z.B. Nietzsches *Genealogie der Moral*, die für viele Arbeiten zum „verbindlichen Bezugsrahmen für empirische Forschungen"[12] wurde. Das „Ideal der Vornehmheit" zur Charakterisierung der politischen Kulturen und den „Willen zur Macht" als das Motiv jeden politischen Führers führt Lichtblau auf Nietzsches Einfluß zurück.[13] Aber auch später, besonders in der Krise der Weimarer Republik, wurde die Nietzsche-Rezension fortgeführt.[14]

---

[10] vgl. Lichtblau 1996:96 Anm. 37; vgl. zu Tönnies und Nietzsche auch Nolte, Ernst: Nietzsche und der Nietzscheanismus. Frankfurt am Main: Propyläen 1990:229-230.

[11] vgl. Simmel zitiert in Lichtblau 1996:99-100.

[12] Lichtblau 1996:101; bei den Arbeiten Max Webers, Sombarts und Schelers nach der Jahrhundertwende sieht Lichtblau die ersten Ansätze, Nietzsches Projekt einer „Genealogie der Moral" auch als heuristischen Bezugsrahmen für entsprechende *historische* Forschungen im Bereich der Geschichte der „praktischen Sittlichkeit" zugrunde zu legen und der Überprüfung anhand vom empirischen Fakten zugänglich zu machen (vgl. S.126-127).

[13] vgl. Lichtblau 1996:136-137.

[14] Breuer, Stefan: Anatomie der Konservativen Revolution. 2. Aufl. Darmstadt: Wissenschaftliche Buchgesellschaft 1995:37, sieht Nietzsches allgemeinen Einfluß auf die Konservative Revolution, wenn überhaupt, dann von *Die Geburt der Tragödie* ausgehen – Nietzsches Gedanken zur Wiedergesundung der europäischen Kultur.

Der Frage, ob Nietzsches Einfluß auf die Deutschen, besonders auf die Soziologen, tatsächlich so groß war, soll hier nachgegangen werden. Um einer subjektiven Auswahl nietzscheanischer Soziologen vorzubeugen, wähle ich für meine Untersuchung die Gründerväter der deutschen Soziologie: Max Weber, der als Begründer der deutschen Soziologie gilt, und Hans Freyer, der 1925 in Leipzig den ersten deutschen Lehrstuhl für Soziologie ohne Beiordnung eines anderen Faches erhielt[15] und im Dezember 1933 Führer der Deutschen Gesellschaft für Soziologie wurde.[16]

Für Bernsdorf war Max Weber der „bisher größte und erfolgreichste deutsche Soziologe."[17] Freyer zählt für Papalekas zu den bedeutendsten deutschen Sozialwissenschaftlern und Soziologen im 20. Jahrhundert.[18]

Das Problem der Fragestellung ist, Nietzsches Einfluß als solchen in der Soziologie beider Autoren nachzuweisen. Denn er „scheut jedes System", definiert nicht, benutzt einen Begriff für verschie-

---

[15] vgl. Üner, Elfriede: Kulturtheorie an der Schwelle an der Zeiten. In: Boshof, Egon (Hrsg.): Archiv für Kulturgeschichte. 80. Band, Heft 2. Sonderdruck. Köln; Weimar; Wien: Böhlau Verlag 1998:375-415 (S.390).

[16] Breuer 1995:169.

[17] Bernsdorf, Wilhelm: Max Weber. In: Bernsdorf, Wilhelm und Knospe, Horst (Hrsg.): Internationales Soziologenlexikon. Bd. 1. 2. Neuüberarbeitete Auflage. Stuttgart: Enke 1980:485-493 (S.485).

[18] Papalekas, J.C.: Hans Freyer. In: Bernsdorf, Wilhelm und Knospe Horst (Hrsg.): Internationales Soziologielexikon. Bd. 1, 2. Neuüberarbeitete Auflage. Stuttgart: Enke 1980:131-133 (S.131).

dene Bedeutungs-Nuancen oder „versteckt sich hinter Masken".[19] Auch die mannigfache Literatur zur Deutung von Nietzsches Aussagen reicht von Heideggers[20] Nietzsche-Deutung bis zu Köhlers These, Nietzsches Philosophie sei der Protest eines Homosexuellen gegen die herrschende christliche Bürgermoral gewesen.[21] Es soll hier deshalb geklärt werden, wie jeweils Max Weber und Freyer selbst zu Nietzsche standen, welche Bedeutung sie ihm zumaßen und wie sie ihn verstanden haben.

Einen Einfluß nachzuweisen bewegt sich stets auf dem Grad eines Vergleiches oder einer philologischen Spurensuche. Doch will ich nicht nur Gemeinsamkeiten, sondern auch grundlegende Verschiedenheiten herausarbeiten, damit nicht nur die Nähe, sondern auch die Distanz, die zwischen den Autoren besteht und einen möglichen Einfluß relativieren könnte, in die Spurensuche einfließen kann. Durch die Herausarbeitung eines Aspektes des Gesamtwerkes einen direkten Einfluß nachweisen zu wollen, birgt immer eine gewisse Ungenauigkeit. Einige Positionen lassen sich zwar direkt auf einen bestimmten Einfluß zurückführen, doch bedeutet Einfluß auch „grundsätzliche Inspi-

---

[19] vgl. Germer 1994:20.

[20] wie z.B. Heidegger, Martin: Gesamtausgabe. II. Abteilung: Vorlesungen 1919-1944. Band 50. 1. Nietzsches Metaphysik. 2. Einleitung in die Philosophie Denken und Dichten. Frankfurt am Main: Vittorio Klostermann 1990.

[21] Köhler, Joachim: Zarathustras Geheimnis. Friedrich Nietzsche und seine verschlüsselte Botschaft. Reinbeck bei Hamburg: Rohwohlt 1992.

rierung" worauf an anderer Stelle noch eingegangen wird.[22]

Bei der Analyse des Einflusses Nietzsches auf die beiden Wissenschaftler werden zwei verschiedene Verfahren angewendet. Da das Thema Nietzsche-Weber von zahlreichen Autoren behandelt wurde, beschränke ich mich auf die schon vorhandenen Arbeiten. Ich teile diese in Themengruppen auf und stelle heraus, wie Nietzsches Einfluß auf Max Weber in diesen Bereichen gewertet wurde.

Da die Nietzsche-Freyer Rezeption nur sehr begrenzt ist, werde ich hier selbst nach Nietzsches Einfluß in drei exemplarischen Texten Freyers suchen. Wie auch Üner bemerkte, unterlag Freyers Arbeit, besonders was seinen Wirklichkeitsbegriff betrifft, ab 1933 einem Wandel[23] und wurde nach 1945 nochmals korrigiert. Deshalb sollen hier drei Schriften der Weimarer Zeit im Mittelpunkt stehen. Dabei stellt sich allerdings ein weiteres Problem: die Frage, ob bei Freyers Werk zwischen einem soziologischen und einem philosophischen zu unterscheiden ist. Wenn hier auch *Prometheus* und *Revolution von rechts* auf Nietzsches Einfluß untersucht werden sollen, weil er dort auch schon von anderen Autoren erkannt wurde, dann soll das kein Widerspruch zum Arbeitstitel sein, sondern trägt Freyers Art Soziologie zu betreiben Rechnung. Auch seine *Soziologie als Wirklichkeitswissenschaft*, die hier behandelt werden soll, ist nicht nur ein soziologisches, sondern auch ein philoso-

---

[22] siehe unten S.21.

[23] vgl. Üner 1998:401.

phisches Werk. Freyers Soziologie ist, wie Üner
sagt, „gelebte Philosophie" und „Ethoswissenschaft".[24] Für Üner ist eine Trennung von Freyers
politischen Schriften in ein dichterisches, wissenschaftliches und politisches Werk - wie eine Trennung von *Pallas Athene* (1935) von der *Soziologie
als Wirklichkeitswissenschaft* (1930) oder von
Herrschaft und Planung (1933) - weder thematisch
noch im Stil zu rechtfertigen. Üner rechnet z.B.
Pallas Athene, die „Ethik des politischen Volkes",
zur politischen Soziologie und Ethik.[25] Eine dichte-
rische Präsentation von gesellschaftlichen Prob-
lemstellungen gehört zum Gesamtkonzept von
Freyers Soziologie. Freyer betont selbst, daß seine
philosophischen Schriften den Grundstock seiner
wissenschaftlichen darstellen. Die Soziologie
Freyers ist eine „geistige Bewegung".[26] Sein Werk
stellt eine Gesamtheit dar, die nicht in Teildiszipli-
nen zu trennen ist, sondern als ein wissenschaftliches Ganzes analysiert werden muß. Den Einfluß
Nietzsches auf Freyers Soziologie auch in primär

---

[24] vgl. Üner, Elfriede: Soziologie als „geistige Bewegung":
Hans Freyers System der Soziologie und die „Leipziger Schule". Weinheim: VCH, Acta Humaniora 1992:26 und 127.
[25] 1992:117; Üner verweist in Anm.282, S.243, darauf, daß
Pallas Athene zwar zwischen „Dichtung und ‚politischer
Propaganda' changiert" vom Rezensent der Zeitschrift „Geistige Arbeit" 1935 aber keiner Literaturgattung zugeordnet
werden konnte und daß Gehlen es 1936 ein „politisches Buch
in dichterischer Sprache" nannte.
[26] Wie auch der Buchtitel Üners zu Freyers System der Soziologie lautet: Üner, Elfriede: Soziologie als „geistige Bewegung": Hans Freyers System der Soziologie und die „Leipziger Schule". Weinheim: VCH, Acta Humaniora 1992.

philosophischen Schriften festzustellen, ist deshalb kein Widerspruch zum Thema, sondern zeigt die Grundlagen für Freyers Soziologie und damit die Einflüsse, die sein Denken und Wirken mitbestimmen auf.

Da sich die Untersuchung zu Nietzsche-Freyer auf wenig vorhandene Forschungsergebnisse stützen kann, werden diese Texte hier jeweils als Ganzes interpretiert. Die ausführliche Wiedergabe von Freyers Texten soll seine allgemeine Nähe zu Nietzsche darstellen und auch die stilistischen Übereinstimmungen deutlich machen. Eine Aufteilung von Freyers Werk in Themenbereiche, wie bei Max Weber, erübrigt sich dadurch. Aus diesem Grund nimmt auch das Thema Nietzsche-Freyer, wie schon in dieser Einleitung, fast doppelt soviel Raum ein wie das, lediglich den Rezeptionsstand wiedergebende und bewertende, Kapitel zu Nietzsche und Max Weber.

In einem dritten Abschnitt sollen beide Kapitel zusammengeführt werden und die unterschiedliche Art des Einflusses Nietzsches auf Max Weber zum einen und auf Freyer zum anderen dargestellt werden. Somit wird zugleich nach der Bedeutung Nietzsches für die gesamte deutsche Soziologie, zumindest in ihrer Anfangsphase, gefragt.

1. Nietzsches Einfluß in der Soziologie von Max Weber

1.1 Max Webers Verhältnis zu Nietzsche

Bei der Forschung über die Person Max Weber stand dessen Verhältnis zu Marx und Nietzsche im Mittelpunkt des Interesses. Doch da in den 50er und 60er Jahren vor allem Max Webers empirische Arbeiten rezipiert und dessen metawissenschaftlichen Voraussetzungen vernachlässigt wurden, geriet Nietzsches prägende Wirkung auf Max Weber erst spät in den Blickpunkt der Weber-Forschung.[27] Der erste, der das Verhältnis Weber-Nietzsche untersuchte, war der Franzose Fleischmann. Doch ist dieser für viele bei seinen Nachweisen zu Nietzsches Einfluß zu weit gegangen[28]. In Deutschland forschte besonders Hennis über das Verhältnis Max Weber-Nietzsche und brachte neue

---

[27] vgl. Mommsen, Wolfgang J.: Einleitung. In: Momsen, Wolfgang J. und Schwentker, Wolfgang (Hrsg.): Max Weber und seine Zeitgenossen. Göttingen; Zürich: Vandenhoeck und Ruprecht, 1988:11-38 (S.18 und 31).

[28] für Mommsen, Wolfgang: Max Weber. Gesellschaft, Politik und Geschichte. Frankfurt am Main: Suhrkamp, 1974:255, weist Fleischmann zwar eine Nähe zwischen Nietzsche und Max Weber nach, geht aber zu weit; Germer (1994:201) findet Fleischmann und Shapiro übertreiben weit, wenn sie behaupten, Max Webers Werk sei ohne Nietzsche undenkbar gewesen; Peukert, D.J.K.: Max Webers Diagnose der Moderne. Göttingen: Vandenhoeck und Ruprecht, 1989:127, hält Fleischmanns Argumente für anregend, aber überzeichnet.

Aspekte in die Diskussion.[29] Des weiteren lassen sich in diversen Weber- und Nietzsche-Rezeptionen Hinweise zum Einfluß Nietzsches auf Max Weber finden, wobei sich die Autoren gegenseitig eine Unter- oder Überbewertung von Nietzsches Einfluß auf Max Weber vorwerfen.[30] Der Ausgangspunkt bei der Frage nach dem Einfluß Friedrich Nietzsches auf Max Weber ist deshalb Webers eigene Position zu Nietzsche.

Der junge Max Weber fühlte sich angezogen von „radikalen Gedanken und Konstruktionen"[31] wie man sie in Nietzsches Werk finden kann. Zwischen 1900 und 1920 war die Zeit der Krisenstimmung und Nietzsche brachte rettende Ideen. Die Nietzsche-Rezension fand einen neuen Höhepunkt. In dieser Zeit entstanden auch Max Webers wich-

---

[29] für Stauth, G. und Turner, S.T.: Nietzsche in Weber oder die Geburt des modernen Genius' im professionellen Menschen. In: Zeitschrift für Soziologie, Jg. 15, Heft 2, April 1986, S. 81-94 (S.81), müsse seit Hennis 1985 „die Frage nach dem Verhältnis der modernen Soziologie und der Philosophie Nietzsches neu gestellt werden."

[30] Peukert (1989:128 Anm. 8 und S.130 Amn. 24) zufolge spielen Bendix, Abramowski und Schluchter den Einfluß Nietzsches auf Max Weber herunter; für Lichtblau (1996:157 Anm.157) erliegt Schluchter einem Mißverständnis, wenn er glaubt, Nietzsches Diagnose stehe im Widerspruch zu Max Webers Diagnose des modernen Polytheismus; Laut Stauth & Turner (1986:82) lassen die Nietzsche-Max Weber Kommentatoren Hennis' Frage nach „essentiellen Spuren" unbeantwortet und würden Nietzsches Rolle für Max Webers Werk unterschätzen.

[31] Hennis, Wilhelm.: Max Webers Wissenschaft von Menschen: neue Studien zur Biographie des Werks. Tübingen: Mohr, 1996:190.

16

tigste Arbeiten[32]. Ein viel zitiertes Wort Max Webers lautet: „Wer nicht zugibt, daß er gewichtigste Teile seiner eigenen Arbeit nicht leisten könne, ohne die Arbeit, die diese beiden [Marx und Nietzsche] getan haben, beschwindelt sich selbst und andere. Die Welt, in der wir selber geistig existieren, ist weitgehend eine von Marx und Nietzsche geprägte Welt." Damit gab er selbst den entscheidenden Hinweis auf seine „epochebestimmende[n] Flügelmeister"[33]. Hennis hält in diesem Zusammenhang Marx für Max Webers Frühwerk und für das Spätwerk Nietzsche bedeutungsvoller, betont aber, Max Weber sei so wenig Nietzscheaner gewesen wie Marxist.[34] Baumgarten sieht Nietzsche

---

[32] vgl. Germer S.16 und Lichtblau S.77 ff.

[33] Hennis 1985. Es wird auch auf Max Webers Zuneigung zu Kant, trotz Nietzsches Kritik an ihm, hingewiesen; vgl. Germer 1994:138 und 188; für Peukert (1989:13) war Nietzsche einer von Max Webers „hauptsächlichen Anregern". Von Kant aber auch von Simmel, wie schließlich von Nietzsche, habe Max Weber „Bedeutsames" aufgenommen „und formt es...zu paradigmatisch ‚kulturbeudeutsamer' Geltung" (ebd.:17); Muller, Jerry Z.: The Other God That Failed. Hans Freyer and the Deradicalization of German Conservatism. Princeton, New Jersey: Princeton University Press 1987, S.174, nennt Max Weber dann auch einen „post-nietzscheanischen Kantianer"; der Einfluß Rickerts auf Max Weber soll hier ebenfalls nicht unerwähnt bleiben (vgl. Germer 1994:132 ff. und Weiß, Johannes: Max Webers Grundlegung der Soziologie. 2. Aufl. München; London; New York; Paris: Saur 1992).

[34] vgl. 1987:170 und 191; auch Nolte (1990:232) hält Max Weber nicht für einen Nietzscheaner, glaubt aber, ohne Nietzsche wäre Max Weber „vielleicht nicht zum selbständigen bedeutenden Denker geworden."

bei Max Weber meist als einen „marxistisch aus-
gewählten und reduzierten Nietzsche".[35]

Als weitere Zeugnisse seiner Anerkennung für
Nietzsche werden Briefe Max Webers, wie der an
seine Frau Marianne vom 26. Juli 1894, der seine
Nietzsche-Lektüre bezeuge,[36] zitiert. Der an Edgar
Jaffé vom 13.09.1907 mache deutlich, daß Max
Weber den „Kern der Lehre Nietzsches" in der
„Moral der Vornehmheit"[37] sehe. Simmels Bezeichnung „ethischer Personalismus" für Nietzsches Moralphilosophie, sei daher auch die beste
Bezeichnung für den Kern von Max Webers Soziologie.[38] Als weiteren Beleg für Max Webers Nietzsche-Verständnis werden seine schriftlichen Anmerkungen in seiner privaten Ausgabe von Simmels „Schopenhauer und Nietzsche" gewertet.
Diese Randbemerkungen dokumentierten einer-
seits seine Zustimmung zu Nietzsches Philosophie,
zeigen aber auch seine Distanz zu Thesen, die er

---

[35] Baumgarten, Eduard: Max Weber. Werk und Person. Tübigen: J.C.B. Mohr 1964:578.

[36] vgl. Hennis 1985 und Hennis, Wilhelm: Max Webers Fragestellung: Studien zur Biographie des Werks. Tübingen: Mohr,
1987:172.

[37] Aus dem Brief an Jaffé folgert Hennis (1985 und 1987:173),
Max Weber habe Nietzsche als Moralisten gelesen, wie auch
Simmel es getan haben soll. Nach Mommsen (1988:32) folgte
Max Weber Simmel bei dessen Versuch „Brücken zum Nietzscheanismus und zur Lebensphilosophie" zu bauen, aber nur
sehr begrenzt; vgl. auch Simmel zu Nietzsche bei Lichtblau
1996:134.

[38] vgl. Hennis 1987:173-174. Simmels „Moralwissenschaft"
von 1892/93 war für Hennis ohne Nietzsche gar nicht möglich.

nicht teilen wollte, wie Nietzsches Sicht der „Massen".[39] Hennis folgert aus diesen Belegen schließlich, Max Weber habe Nietzsche aus der Interessenperspektive der Kulturphilosophie und -wissenschaft gelesen.[40]

In Webers wissenschaftlichem Werk werden allerdings nur selten direkte Hinweise auf Nietzsche gefunden.[41] Diese finden sich nach Mommsen an Stellen, „an denen Weber auf grundlegende weltanschauliche Probleme oder welthistorische Perspektiven zu sprechen kommt."[42] Für Germer ein Hinweis darauf, Nietzsches Einfluß „zunächst auf einer sehr fundamentalen Ebene anzusiedeln". Peukert zufolge scheint Max Weber Nietzsches

---

[39] vgl. Hennis 1985; laut Mommsen (1974:255) hat Baumgarten erstmals auf diese Quelle aufmerksam gemacht, zitiere sie aber „in einer nicht immer zuverlässigen Form." Max Webers Randbemerkungen dokumentieren „leidenschaftliche Zustimmung zu der Lehre Nietzsches, daß der Wert eines großen Mannes niemals bloß in seinen Wirkungen liege, sondern in ihm selbst als geistiger Persönlichkeit, ...". Doch sah er in kritischen „Randbemerkungen" die Stellung des Individuums zu den Massen anders als Nietzsche, der für ihn hier einem Spießerideal folgte (S.261); vgl. auch Verweise auf Randbemerkungen bei Simmel: Lichtblau 1996:134-135 und 143; Peukert 1989:35.
[40] 1987:174. Ähnlichkeiten zwischen Nietzsche und Max Weber findet Hennis auch im privaten Bereich. So haben beide ähnliche „Interessen und Wertschätzungen" in der Kunst – Musik und Poesie – gehegt (S.188-189).
[41] vgl. Hennis 1987:176 und 191, dessen Erklärung ist allerdings nicht plausibel; vgl. Nolte 1990:230-231.
[42] Mommsen zitiert in: Germer 1994:64.

Einfluß sogar verschleiern[43] und laut Stauth und
Turner gar verdrängen zu wollen. Für Stauth und
Turner ist Nietzsche bei Max Weber daher eine
„dunkle Größe" „im Hintergrund des Problems der
Moral im Verhältnis zur Vernunft und Rationalität" geblieben, welche vielen Autoren nicht bewußt
sei. Sie behandeln Nietzsche als das „abwesende
Zentrum der Weberschen Soziologie", um so den
„Verdrängungscharakter" Max Webers im Umgang mit Nietzsche bewußt zu machen.[44] Strong
vergleicht Max Weber mit Freud und erkennt bei
beiden eine „verwickelte Beziehung zu Nietzsche",
da sie ihn als Analytiker einer „praktischen Ethik
und der Moderne" ernst nahmen, aber Schwierig-
keiten hätten, „sich öffentlich von Nietzsche zu
distanzieren."[45] Auch für Peukert stehen Nietzsche

---

[43] laut Peukert (1989:12) verwischte Max Weber, wie Simmel
und Nietzsche, die Spuren seiner „geistigen Anreger".
[44] Stauth und Turner (1986:82-83) sprechen auch vom „Verdrängungscharakter" „der Weberschen Theoriekonstruktion".
[45] Daraus leitet Strong, T.B.: Max Weber und Sigmund Freud:
Berufung und Selbsterkenntnis. In: Mommsen, W.J. und
Schwentker (Hrsg.): Max Weber und seine Zeitgenossen.
Göttingen; Zürich: Vandenhoeck und Ruprecht, 1988:640-660
(S.640), einen „genealogischen Grund" ab, Weber mit Freud
zu vergleichen. Strong zufolge hegten beide düstere Zukunftsvisionen (S.660); zu Max Webers Polemik gegen die Freudia-
ner vgl. Baumgarten 1964:644; Laut Lichtblau (1996:142,
sowie Anm. 129) richtete sich Max Webers Interesse nach
seiner Freudlektüre auch auf den ‚Psychologen' Nietzsche; als
Hinweis, daß Nietzsche auch für Freud ein entscheidender
Vordenker war: Figl, J.(Hrsg.): Von Nietzsche zu Freud:
Übereinstimmungen und Differenzen. Wien: WUV-Univ.-
Verl., 1996.

20

und Max Weber in einem widersprüchlichen Verhältnis.[46]

Demnach relativiert sich die Frage nach dem „Einfluß" Nietzsches auf Max Weber dergestalt, daß man zwar einige Positionen Max Webers direkt auf Nietzsche zurückzuführen kann, aber auch, wie Hennis, nach „grundsätzlicher Inspirierung"[47] suchen muß.

Auch andere Autoren gestehen die Schwierigkeit des präzisen Nachweises eines Einflusses Nietzsches auf Max Weber ein. Für Mommsen, der hier Fleischmann interpretiert, ist Nietzsches Einfluß auf Max Weber groß und nachhaltig gewesen, ließe sich aber nicht immer philologisch präzise nachweisen.[48] Wichtiger als eine direkte Spurensuche sind für Peukert Konkordanzen der Themen und Thesen, welche er z.B. zwischen Nietzsches *Genealogie der Moral* und Max Webers *Wirtschaftsethik der Weltreligionen* feststellt. Die Herausarbeitung eines Aspektes verzerre immer das Gesamtbild.[49] Lichtblau unterscheidet Max Webers Umgang mit Nietzsche zwischen „bloßen Kokettieren mit zentralen Grundbegriffen", einer „'atmosphärischer' Übereinstimmung in zentralen weltanschaulichen Fragen" und Webers Versuch, Nietz-

---

[46] 1989:38

[47] die Hennis (1987:170) sogar für wichtiger hält. Er fragt sich schließlich, ob es überhaupt Einflüsse sind, die man philologisch verfolgen kann oder ob statt nach Spuren, nach „dem Genius Nietzsches im Werk Max Webers" (S.191) zu suchen sei.

[48] 1974:254.

[49] 1989:13 und S.37-38.

sche für seine Wissenschaft fruchtbar zu machen.[50] Für Nolte war Nietzsche auch ohne Namensnennung bei Max Weber „beinahe so präsent wie Marx.“[51]

Präziser festgestellt wird dagegen eine sprachliche Verwandtschaft Max Webers zu Nietzsche. Besonders bei „Zentralbegriffen“ in Max Webers *Wissenschaft als Beruf* stellt Mommsen einen direkten Bezug zu Nietzsche her.[52] Hennis zufolge schlug Max Weber in seiner Antrittsvorlesung im Mai 1895 eine „schroff nietzscheanische Tonart“ an, was einen Bruch mit seinem, bis dahin, „Stil eines Juristen und Nationalökonomen“ bedeutet habe.[53]

Hennis zufolge sind Max Webers Untersuchungen „durch einen Gedanken nach dem Typus Mensch zusammengehalten“, den er nur Nietzsche zu verdanken habe[54]. Er fordert schließlich, Max Weber neu, im „Lichte Nietzsches“, zu lesen.[55] Dennoch läßt die Rezeption nicht den Eindruck entstehen, Max Weber sei ein Nachredner Nietzsches gewesen. Stets habe er sich seine eigenen

---

[50] 1996:129.

[51] 1990:231.

[52] 1974:254.

[53] 1985; 1987:17; vgl. auch Nolte (1990:231), dieser fragt sich, ob Max Weber ohne die Kenntnis Nietzsches seine Formulierungen so gewählt hätte; Lichtblau (1996:130) bestätigt Mommsen und Hennis.

[54] 1987:177, vgl. auch S.180.

[55] 1987:189; für Peukert (1989:41) steht besonders Max Webers philosophische Position im Kontext Nietzsches. Für ihn steht fest: „Wer über Max Weber reden will, sollte zu Nietzsche nicht schweigen.“ (S.36)

22

Gedanken gemacht und nichts nach gekaut, sondern arbeitete mit Nietzsche, ohne sein Adept zu werden.[56] Max Weber und Friedrich Nietzsche wählten nach Germer schließlich „zwei völlig verschiedene Wege, mit demselben Problem umzugehen."[57] Und nach Mommsen folgte Max Weber Nietzsche nur so weit, wie es sich mit seiner „puritanistischen Grundauffassung", „Pflicht zur rationalen Lebensführung", „steter Rechenschaftslegung und Achtung der Würde jedes Menschen" vereinbaren ließ.[58] Max Weber warnte sogar vor einem "Sprengen der *conditio humana*" in den Humanwissenschaften und sozialen Professionen[59] und lehnte Nietzsches „Verbrämungen", in denen dieser sich „unter Wert verkaufe", ab.[60] Stauth und Turners Behauptung, Nietzsche habe radikalere Konsequenzen für sein Leben gezogen und freiwillig, zugunsten der wissenschaftlichen Freiheit, seine Professur aufgegeben, erscheint in Anbetracht biographischer Abhandlungen, die Nietzsches Ausscheiden aus dem Hochschuldienst auf gesundheitliche Gründe zurückführen, bloße Glori-

---

[56] vgl. Hennis 1996:187; laut Germer (1994:64) übernimmt Max Weber in souveräner Verarbeitung; für Peukert (1989:38, ferner S.123 Anm. 9) war Max Weber kein Nachfolger Nietzsches, verdanke ihm aber wichtiges, vor allem in Schlüsselstellen.

[57] 1994:16.

[58] 1974:262.

[59] Peukert 1989:109.

[60] vgl. Peukert 1989:123; Lichtblau (1996:134) zitiert Max Webers Kritik an Nietzsches „biologischen Verbrämungen".

fizierung zu sein.[61] Für Montinari eröffnet sich gerade durch Max Weber eine Chance zur Entmythisierung Nietzsches.[62]

Wie Nietzsches Einfluß auf einzelne Themenbereiche Max Webers bewertet wird, soll im Folgenden dargestellt werden.

1.2 Nietzsches Einfluß in Max Webers Religionssoziologie

Im Bereich von Max Webers Religionssoziologie ist Nietzsches Einfluß für Hennis und Mommsen besonders deutlich.[63] Auch Germer ortet den

---

[61] vgl. Staut und Turner 1986:93; auch Löwith, Karl: Friedrich Nietzsche 1844-1900. In: Heimpel, Hermann; Heuss, Theodor; Reifenberg, Bruno (Hrsg.): Die großen Deutschen. Deutsche Biographie. 3. Band. Berlin: Ullstein 1956:582, behauptet, Nietzsche habe seine Lehrtätigkeit aufgegeben, „um sich als freier Schriftsteller ganz seiner philosophischen Aufgabe zu widmen."; im Gegensatz dazu: Bäumler, Alfred: Das Leben Friedrich Nietzsches. In: Nietzsche, Friedrich: Der Wille zur Macht: Versuch einer Umwertung aller Werte. 12. Aufl. Stuttgart: 1980:719 und Montinari, Mazzino: Chronik zu Nietzsches Leben. In: Friedrich Nietzsche: Sämtliche Werke. Kritische Studienausgabe (KSA) Band 15. Herausgegeben von Colli, Giorgio und Montinari, Mazzino. Berlin; New York: Walter de Gruyter 1988:7-212 (S.105).
[62] Montinari zitiert nach Treiber, Hubert: Nietzsches „Kloster für freie Geister". Nietzsche und Weber als Erzieher. Mit Anmerkungen zum „Übermenschenkult" innerhalb der Bohème der Jahrhundertwende. In: Antes, Peter und Pahnke, Donate (Hrsg.): Die Religion von Oberschichten. Marburg: Diagonal-Verlag 1989:117-161 (S.120).
[63] für Hennis (1987:189) „unbezweifelbar"; vgl. Mommsen 1974:254, Anm. 41.

Schwerpunkt der Themenverwandtschaft Max
Webers zu Nietzsches bei Religion und religiöser
Ethik.[64] Stauth und Turner verstehen Webers gesamte Soziologie als einen Versuch, mit Nietzsches Entdeckung des „toten Gottes" fertig zu
werden[65]. Da Nietzsche laut Germer mit dem Aus-
spruch „Gott ist tot" das Christentum auf seine
Eigenschaft als Morallehre reduziere, erkenne Max
Weber Nietzsches „Nihilismus-Diagnose" sozusagen als „Entwertung aller metaphysischen Werte"
an.[66] Für Lichtblau steht Webers Diagnose von
„unpersönlichen Mächten" im „vollen Einklang"
mit dem von Nietzsche beschriebenen „Untergang
aller historisch überlieferten monotheistischen
Gottesvorstellungen."[67]

Aber auch die Unterschiede zwischen beiden,
wie die unterschiedliche Verwendung von Begriffen, werden im Bereich der Religionssoziologie
deutlich. Besonders Nietzsches Theorie, das Christentum sei eine Religion des Ressentimentes, wird
von Max Weber nicht geteilt. Bezug nehmend auf
Fleischmann erklärt Mommsen, Max Weber habe
kritisch zu Nietzsches Theorie des Ressentiment
und Pariasituation als Ursprung der Religion ge-
standen[68]. Stauth und Turner zufolge verortet Max

---

[64] 1994:69.

[65] 1986:83; vgl. Treiber 1989:140 ff; Hennis 1987:186.

[66] vgl. Germer 1994:26 und S.65.

[67] 1996:156, Nietzsches „*Gegensatz zwischen Dionysos und
den Gekreuzigten*" heißt „in den Worten von Max Weber: der
ewige Kampf zwischen *Rationalität* und *Mythos* bzw. dem
Monotheismus und dem *Polytheismus*." (S.18)

[68] vgl. Mommsen 1974:254.

Weber wie Nietzsche die Grundlagen der modernen Welt im Judaismus und im Christentum, hebe aber Nietzsches „kritische Perspektive" in seiner *Wirtschaftssoziologie* „völlig aus den Angeln" - für Stauth und Turner wieder ein Akt der Verdrängung. Für sie ist deutlich, daß Max Weber damit das Christentum vor Nietzsches Vorwurf einer „Ressentiment-Religion" retten wollte. So sehen Stauth und Turner Max Webers Begriffe der „Wirtschaftsethik" und „Rationalisierung der Lebensführung" zwar „vor dem Hintergrund der Werberschen Nietzsche-Lektüre", allerdings werte Max Weber Nietzsche um und versuche, die christliche Ethik von Nietzsches Vorwurf, sie sei eine Ressentiment-Moral, zu befreien. Dabei trenne er Nietzsches Begriff „völlig von seiner kritischen Dimension".[69] Nach Lichtblau interpretiert Max Weber zwar den Ressentiment-Begriff ähnlich wie Nietzsche, doch verweise Weber darauf, daß es nur wenig durch Ressentiment mitbestimmte Religiosität gegeben habe, und zwar am ehesten im antiken

---

[69] vgl. Stauth und Turner 1986:86-91. Sie verweisen auch darauf, daß Nietzsche in der *Genealogie der Moral* eine „ritualisierte Alltagsmoral" als notwendig voraussetzte. Sie stellen weiterhin die Frage, ob Max Weber Nietzsche den Ressentiment-Vorwurf an den Buddhismus unterstellte, um evtl. dessen Angriff auf das Priestertum abzuwehren; vgl. zu dieser Frage auch Lichtblau (S.147); Baumgarten (1964:581) zufolge lehnte Max Weber überhaupt Nietzsches Moral-Begriff als „„Ausdruck" von Ressentiment ab.

Judentum. Das Christentum nimmt er vor diesem Vorwurf „ausdrücklich in Schutz".[70]

Für Hennis stand Max Webers *Die Wirtschaftsethik der Weltreligionen* unter „entscheidendem Einfluß" Nietzsches.[71] Die Einleitung von *Die Wirtschaftsethik der Weltreligionen* sei eine „Auseinandersetzung mit der Rolle, die nach Nietzsche das Leid für die Entstehung von Erlösungsreligionen spielt." Auch Hennis zufolge wandelte Max Weber Nietzsches Ressentimentbegriff um in „einen Idealtyp zur Verständlichmachung von Erlösungsreligionen."[72]

Peukert nennt Nietzsches Interpretation von religiösem Ressentiment „vulgärmaterialistisch", und begründet damit Max Webers „Relativierung" von Nietzsches Interpretation.[73] Ottmann sieht dagegen den Ressentimentbegriff (welchen Nietzsche „in eine nicht angemessene Verbindung" mit dem Christentum gebracht habe) bei Max Weber in einer „religionssoziologischen Wiederverwendung".[74] Laut Nolte teilte Max Weber Nietzsches Begriff des Ressentiments als Grundlage der christlichen „Entzauberung der Welt".[75]

---

[70] vgl. Lichtblau S.146-154; laut Ottmann, H.: Philosophie und Politik bei Nietzsche. Berlin; New York: de Gruyter 1987:327, hat Max Weber die jüdische Religion eine „Vergeltungsreligion" genannt.

[71] Hennis 1987:179-180.

[72] Hennis 1985.

[73] 1989:47.

[74] 1987:315, vgl. auch S.327.

[75] 1990:232.

Max Webers *Die Protestantische Ethik und der Geist des Kapitalismus* ist für Hennis ohne Anstöße aus der 3. Abhandlung aus Nietzsches *Genealogie der Moral*, die Max Weber als „glänzendes Essay" bezeichnete, gar nicht denkbar. Max Webers Definition der „letzten Menschen", „der Fachmensch ohne Geist, der Genußmensch ohne Herz", sei „vom Fleische Nietzsches"[76].

In Anlehnung an Nietzsches „Willen zur Macht", in dem er das Leben als ein ständiges „sich-in-seiner-Umgebung-behaupten-müssen" beschreibt, sei für Max Weber die Lebensordnung durch Kampf bestimmt. Ausgehend von dieser Grundannahme, würden beide den „notwendigen Konflikt" des auf eine als „Liebe- und Brüderlichkeitsreligion" stilisierten Christentums mit allen anderen Lebensordnungen ableiten.[77] Stauth und Turner glauben dagegen nicht, daß hier Max Weber Nietzsches „idealtypische Stilisierung des Christentums" in dessen Sinne übernehme, denn auch die Liebe und Brüderlichkeit der Christen war für Nietzsche nur „die niederste Form der Rache",

---

[76] Hennis 1985 und 1987:177-179; Lichtblau (1996:159) zufolge schloß „sich Max Weber in seinen religionssoziologischen Schriften" Nietzsches „universalgeschichtlichen Betrachtungsweise" an. Des weiteren ortet Lichtblau (S.140) Max Weber Diagnose von der „Heraufkunft der ‚letzten Menschen'" in Nietzsches Vorrede in *Also sprach Zarathustra*. Für Peukert (1989:32-33) zitiert Max Weber mit seinen Fachmenschen und Genußmenschen zwar Nietzsche, lehnte diesen „letzten Menschen im Sinne Nietzsches" aber ab, da er sich mit dem "Kulturmenschentum" (S.52) identifizierte.
[77] Hennis 1987:186-187.

und diesen Vorwurf wolle Max Weber nicht gelten lassen.[78] Er folge Nietzsche zwar in dessen klaren begrifflichen Trennung zwischen intellektuellen Bedürfnissen und Alltagsleben im „Reiche der Notwendigkeiten", befreie dieses Bedürfnis allerdings, im Gegensatz zu Nietzsches Zynismus, „auf das peinlichste von jedem Gedanken an Rache." Aber auch solche religionssoziologischen Wendungen Max Webers, die das Christentum vom Vorwurf des Ressentiments befreien wollen, wie auch die Feststellung, das Christentum sei vor allem in Kreisen der Positiv-Privilegierten vertreten, sind für Stauth und Turner letzten Endes am „Nihilismus Nietzsches" erprobt.[79] Auch in *Wirtschaft und Gesellschaft* erkläre Max Weber zunächst in Nietzsches Sinne, drehe dann allerdings das Verhältnis zum Christentum um.[80] Was bleibt ist die gemeinsame Grundannahme, das Leben sei Kampf[81].

Den Grundgedanken, das Christentum zerstöre sich selbst mit dessen „Hang zur rationalen Apologetik", findet Germer sowohl bei Nietzsches These von der Selbstzerstörung des Christentums aus Willen zur Wahrheit als auch bei Max Weber, nur gebe dieser eine soziologische Erklärung.[82] Des weiteren halte Max Weber - wie Nietzsche - Forde-

---

[78] Stauth und Turner 1986:88.

[79] ebd. S.89.

[80] ebd. S.91.

[81] Im diesem Kampfbegriff klingt für Germer (1994:159) Nietzsche an; auch Nolte (1990:232) erkennt Max Webers „Hochschätzung des Kampfes" als das „Wesen des Lebens".

[82] 1994:85.

rungen der Bergpredigt, die dem „Großen am Menschen" zuwiderlaufen, für würdelos, bewundere aber trotzdem - im Gegensatz zu Nietzsche - „ein Leben im Sinne der Bergpredigt".[83]

Obwohl Nietzsches Forderung, der Mensch müsse an Gottes Stelle treten, aber nicht als Tyrann[84], eine gewisse „Verantwortungsethik" enthält, ist seine tiefe Verachtung des Christentums mit Max Webers Sicht der Religion unvereinbar. Trotz Webers Bemühungen, in seiner Wissenschaft die notwendige Distanz zu religiösen Glaubenssätzen zu bewahren, lassen die hier zitierten Autoren Max Webers Parteinahme für das Christentum erkennen. Dagegen sei Nietzsche „ – im Unterschied zu Weber – nicht für das Christentum zu retten."[85]

1.3 Nietzsches Einfluß in Max Webers Gesellschaftstheorie

Was Max Webers Gedanken zur Politik und Gesellschaft betrifft, teilte er mit Nietzsche die Sorge um die Zukunft des Menschen. Diese Sorge ist die Grundlage von Nietzsches Prophetie und der Frage Max Webers nach der „Entwicklung des Men-

---

[83] ebd. S.162; für Lichtblau (1996:150) ist diese Würdelosigkeit für beide der Ausdruck eines „'Sklavenaufstandes' in der Moral"; auch für Weiß (1992:204, Anm. 519) klingt hier bei Weber Nietzsches abschätzige Beurteilung an.
[84] vgl. Germer S.30.
[85] Stauth und Turner 1986:88.

schentums".[86] Dem historischen Betrieb seiner Zeit stand Max Weber, wie Nietzsche, distanziert gegenüber. Hennis zufolge war Nietzsches *2. Unzeitgemäße Betrachtung* für Weber „ohne Zweifel eines der größten formierenden Erlebnisse".[87] Auch Stauth und Turner sehen in der Tragik der Geschichte eine Problematik, derer sich beide bewußt waren. Doch erst das „Bild der Gewaltarena", in der sich die „Werte der Gesellschaft" und die „Legitimität des Staates" in „bloßem Interessengeplänkel vernutzen", ließen Max Weber, laut Stauth und Turner, Nietzsches „nihilistische Warnungen" ernst nehmen. Nietzsches „Frage nach der Begründung der Moral in einer Welt ohne Gott" werde bei Max Weber zur Frage nach der „Begründung von Institution"[88]. Max Weber schließt sich dabei (für Lichtblau erstaunlich) eng an die, Nietzsches Verkündung von „Gottes Tod" zugrundeliegenden, Geschichtskonstruktion an.[89] Dieser kulturpessimistische Grundton durchzieht Max Webers ganzes Werk, aber mit dem Unterschied zu Nietzsche, daß Weber Errungenschaften und Handlungsmöglichkeiten der Rationalisierung notiere, Nietzsche dagegen eine „einseitig polemischer Art" aufwei-

---

[86] die laut Germer (1994:65 auch S.157) besonders von Hennis herausgearbeitet wurde; laut Strong hegte Max Weber ja düstere Zukunftsvisionen (vgl. oben Anm. 45); die Tragik in der Geschichte sah Max Weber laut Hennis (1985; 1987:188-189) im Geiste Nietzsches; vgl. auch Nolte 1990:232.
[87] Hennis 1987:226.
[88] Stauth und Turner 1986:84.
[89] 1996:151.

se.[90] So teile Max Weber Nietzsches Kulturdiagnose nicht epigonal, sondern entwickele eigenen Positionen.[91]

Bei seiner Deutung der Kultur übernehme Max Weber sein Bild vom „letzten Menschen" von Nietzsche[92], was Peukert zufolge aber nur eine Minderheit unter den Weber-Forschern ernst nahm.[93] Ein klares, strenges Menschenideal sei beiden zwar gemeinsam, sie verfolgten damit aber verschiedene Ziele. So stehe dem nietzscheanischen Führer der „Herde" bei Max Weber ein Persönlichkeitsideal entgegen, welches sich von Nietzsches „Herrenmoral" und dessen Abwertung der „Vielzuvielen" unterscheide. Denn Max Weber richte sich gegen jeden Persönlichkeitskult und unterscheide zwischen einer „Gesinnungs- und Verantwortungsethik"[94].

Webers „aristokratische Wertvorstellungen" und „seine Anerkennung der Rolle des Charisma in der Politik" werden als determinierte Hinweise auf

---

[90] vgl. Peukert 1989:29-30.

[91] vgl. ebd. S.13; Aschheim, St.E.: Nietzsche und die Deutschen: Karriere eines Kults. Stuttgart, Weimar: Metzler, 1996:332, sieht eine entscheidende Bedeutung Nietzsches für Max Webers Darstellung der modernen Kultur; Hennis (1987:235) will den Einfluß in Max Webers politisches Denken nicht ausschließlich auf Nietzsche beschränken, sonder verweist auch auf Machiavelli, Rousseau und Tocqueville.

[92] vgl. Germer 1994:157.

[93] vgl. Peukert (1989:28-29). Demzufolge ignorieren besonders soziologisch ausgerichtete Weber-Kenner diese Beziehung Nietzsches zu Max Weber und disputieren sie hinweg.

[94] Germer 1994:162.

Nietzsches Einfluß gewertet.[95] Den „Wille zur Macht" erkannte Max Weber „ausdrücklich als eines der treibenden Motive jedes parlamentarischen Führers" an.[96] Er habe sich aber niemals „auf die modische Identifizierung der *Herrenmoral* Nietzsches mit der deutschen Nation" eingelassen.

Max Weber habe auch weniger Zuwendung für „vulgär-nietzscheanische Modelle", die damals weit verbreitet waren, gezeigt als so mancher Zeitgenosse. Weber sei seinem „liberal-fortschrittlichen" Standpunkt treu geblieben und habe seine „Übernahme der Ideen Nietzsches" auf einen „bürgerlichen Individualismus" beschränkt.[97] Nietzsches Verachtung der „Vielzuvielen" teilte Max Weber nicht, war aber nachhaltig bei seinem „aristokratisch-nietzscheanischem" Menschenbild von Nietzsche beeinflußt.[98] Hennis betrachtet Max Webers Soziologie als eine „Theorie der ‚Herr-

---

[95] Mitzman, A.: Persönlichkeitskonflikt und weltanschauliche Alternativen bei Werner Sombart und Max Weber. In: Mommsen, Wolfgang J. und Schwentker, Wolfgang (Hrsg.): Max Weber und seine Zeitgenossen. Göttingen; Zürich: Vandenhoeck und Ruprecht, 1988:137-146 (S.139); auch Baier (1981/82:26) verweist auf die unmittelbare Bestimmung von „Webers Charisma-Lehre" durch „Nietzsches Wahrnehmung des politischen Cäsarismus".
[96] Lichtblau 1996:137.
[97] im Gegensatz zu Sombart (vgl. Mitzmann 1988:138-139).
[98] vgl. Hennis 1996:10; nach Mommsen (1974:261 Anm. 125) sah Max Weber die Stellung des Individuums zu den Massen ja anders als Nietzsche. Er versuchte sich gegenüber dessen Verachtung der „Viel-zu-Vielen" abzugrenzen (vgl. auch Mommsen 1988:32).

schaftscomplexe'" im Sinne Nietzsches.[99] Die sozialen Gebilde waren für beide „Culturcomplexe" und „Herrschaftsgebilde". Sie wollten „große Politik als ,Zustände schaffen'", und waren gegen Milieu und Anpassung. Sie verband „die Tragik der Welt, die Dialektik der Wertverwirklichung."[100] Das Verhältnis von Staat und Gesellschaft ist auch für Baier ein zentrales Thema bei Max Weber. Er leitet diese Beziehung primär von Nietzsche ab.[101]

Dagegen nimmt Max Weber Stauth und Turner zufolge „Nietzsches Kritik des modernen Subjekts und seine depravierte Stellung im sozialen Leben moderner Gesellschaft" zwar „sehr ernst", ziehe aber andere Konsequenzen, wenn er z.B. Nietzsches Begriff von Individualität „zum eigentlichen Ziel sozialen Handelns" umdrehe. Schließlich werden bei Stauth und Turner Max Webers „Typus des Verantwortungsethikers" und Nietzsches Typus, „der seinen Sinnen gegenüber verantwortlich bleibt", zu „Kontrahenten der Moderne".[102]

Für Eden ist Max Webers ablehnende Haltung gegen das Politische im Werk Nietzsches charakteristisch.[103] Sein Ausgangspunkt ist, daß Nietzsche als erster die „Umwertung aller Werte" als „die einzige praktische Alternative zur traditionellen politischen Philosophie vertrat."[104] Max Weber

---

[99] 1987:218.
[100] Hennis 1987:190.
[101] vgl. Baier 1981/82:27.
[102] Stauth und Turner 1986:85-86.
[103] 1988:565.
[104] ebd. S.570.

34

folgte laut Eden Nietzsche bei dessen Versuch, den „Zusammenbruch des Moralrelativismus zu beschleunigen". Beide hätten im Zuge ihrer Ablehnung des „Mitleids" erkannt, daß dieser „Zusammenbruch" das Ende einer „humanitären Politik ... einschließlich der staatlichen Sozialpolitik" in Deutschland bedeuten müsse, welche nichts weiter sei, als ein „Sturmbock gegen die Bastionen der Privilegierten und der Vorrechte"[105]. Mitgefühl als Grundlage des politischen Handelns werde von beiden abgelehnt.[106] So äußerte Max Weber in einem Vortrag im Mai 1894, er betreibe Sozialpolitik nicht, um „Menschenglück" zu schaffen. In Anlehnung an Nietzsches *2. Unzeitgemäße Betrachtung* glaube Max Weber eher an eine Senkung des subjektiven Glücksgefühls, statt an eine Zunahme „mit der Hebung der Massen."[107] Wie Nietzsche vertreibe Max Weber die Hoffnung auf eine Politik des Mitgefühls in der sich diese „Gleichheit der Rechte" „in gemeinsame Bekriegung alles Seltenen, Fremden, Bevorrechtigten..."[108] umwandeln könne. Max Weber habe, wie Nietzsche, geglaubt, daß allein die „Emporzüchtung" von Eigenschaften und Qualitäten, die eine menschliche Größe und einen „Adel unserer Natur

---

[105] ebd. S.573.

[106] vgl. ebd. S. 575.

[107] Hennis 1985.

[108] Nietzsche zitiert in: Eden 1988:577; für Peukert (1989:42) richtet sich Max Webers Werk, nach dessen Gesundung, an der Bewältigung des bürgerlichen Leids aus.

ausmachen", das „Telos der gesellschaftlichen Entwicklung sein könne".[109]

In Max Webers Forderung, das Individuum solle sich einer „höheren Verantwortlichkeit" klar werden, indem es sich selbst „über den letzten Sinn seines Handelns" Rechenschaft ablegen solle, zeigt sich für Eden Webers Absicht, eine „höhere Verantwortlichkeit" gegen „vulgäre Rechthaberei" zu verteidigen, wie dies Nietzsche in *Jenseits von Gut und Böse* schon tat. Doch folge Max Weber Nietzsche nur bis zu einem gewissen Punkt. Anstatt sich zum Nihilismus zu bekennen, rede Max Weber vom „Dienst an den moralischen Kräften", rate von Nietzsches „Weltablehnung" ab und bezeichne dessen philosophische Politik als „Flucht vor den strengen Gegebenheiten unserer schicksalhaften Zeit".[110] Max Weber blieb somit letzten Endes inkonsequent bei der Zerstörung des Fundamentes „des zeitgenössischen Moralrelativismus"[111].

Konsequenter war Max Weber dagegen in seinem sozialen Engagement, wo ein mehr oder weniger indirekter Einfluß Nietzsches festgestellt wird. So förderte Max Weber (gemeinsam mit Sombart u.a.) den „Bund für Mutterschutz", der

---

[109] Max Weber zitiert in: Lichtblau 1996:131.

[110] Eden 1988:578; laut Germer (1994:157) halte Max Weber stand, wo Nietzsche in den Mythos flüchte; nach Mommsen (1988:33) versuchte sich Max Weber von Nietzsches Kulturpessimismus abzugrenzen; Peukert (1989:36) behauptet, der „depressive" Max Weber wähle im Gegensatz zu Nietzsches prophetischer Pathos, die wissenschaftliche Pathologie (vgl. auch unten Anm. 177).

[111] Eden 1988:578.

36

aus einer neuen erotischen Wert- und Lebensorientierung entwuchs, welche unter dem Einfluß Gross' entstand. Gross führte wiederum seine „Theorie der Befreiung von der herrschenden Sexmoral seiner Zeit" auf die Schriften Nietzsches zurück.[112] Max Weber kritisierte allerdings diese Inanspruchnahme Nietzsches durch Gross.[113]

Webers Bezeichnung des Kapitalismus als „herrenlose Sklaverei" und den, durch diese Wirtschaftsordnung verursachten, Verlust der „ethischen Ausdeutung des Arbeitslebens", sind für Hennis zwei Gedanken, die er in Nietzsches *Morgenröte* „vorgedacht" sieht.[114] Hennis faßt schließlich „von beiden geteilte Verachtungen" thesenartig zusammen, ohne sie aber genau zu bestimmen: „das Epigonentum[115], das Narrenhaus der ‚modernen Ideen', die Verachtung der Parvenues, die Aversion gegenüber allen ‚Wünschbarkeiten', die Skepsis gegenüber ‚Fortschritt' und ‚Entwicklung', die Indifferenz gegenüber aller ‚Mitte', die Ableh-

---

[112] Schwentker, W.: Leidenschaft als Lebensform. Erotik und Moral bei Max Weber und im Kreis um Otto Gross. In: Mommsen, W.J. und Schwentker (Hrsg.): Max Weber und seine Zeitgenossen. Göttingen; Zürich: Vandenhoeck und Ruprecht, 1988:661-681 (S.664 ff); vgl. Aschheim (1996:92), der diesen Bund einen Vertreter des „erotischen Nietzscheanismus" nennt.
[113] vgl. Lichtblau 1996:134.
[114] übrigens zwei Punkte in denen Max Weber über Marx hinaus geht (vgl. Hennis 1987:181-182).
[115] zur Überwindung des politischen Epigonentums empfiehlt Max Weber, im Einklang mit Nietzsches *2. Unzeitgemäße Betrachtungen*, selbst „Vorfahren des Zukunftgeschlechts" zu werden (Lichtblau 1996:130).

nung des seinen ,Erlebnissen' nachjagenden, bloß
,differenzierten' modernen Menschen."[116] Peukert
ergänzt den Hedonismus, Pessimismus, Utilitarismus und Eudämonismus.[117]

Eine weitere Parallele zwischen Nietzsche und
Max Weber, die sich vielleicht als Folge des Einflusses ergibt, sind sog. Mißverständnisse, die ihre
politischen Aussagen betreffen. So ist z.B. Max
Webers Volkswirtschaftslehre als „Wissenschaft
vom Menschen" für Hennis genauso wenig „Sozialdarwinistisch", wie es Nietzsche, dessen „moralischen Züchtigungsgedanke" Max Weber „zweifellos" verbunden sei, gewesen ist. Weber hoffte aber
vergeblich, daß dieser Gedanke nicht mißverstanden werden würde.[118] Den Sozialdarwinismus betreffend hatte Max Weber, Lichtblau zufolge,
Nietzsches Kritik an Darwin aufgegriffen. Beide
glaubten demnach nicht, daß sich nur die „am

---

[116] Hennis 1987:189.

[117] 1989:14.

[118] Max Weber betonte Hennis (1987:140) zufolge den Begriff
„Zucht" nicht im naturwissenschaftlich-darwinistischen Sinne
zu gebrauchen; Ottmann, H.: Philosophie und Politik bei
Nietzsche. Berlin; New York: Walter de Gruyter 1987:263,
deutet Nietzsches „Züchtungsbegriff" als einen moralischen
Begriff. Er führt dazu das Kapitel „Zucht und Züchtung" aus
Der Wille zur Macht an, in dem es um die „Philosophie der
moralischen Rangordnung und ,Vornehmheit'" gehe – eine
„platonische Erziehung"; vgl. zu beiden auch Treiber
1989:146-147; dennoch gibt Hennis (1996:112) Max Weber
weniger Schuld an politischen Mißverständnissen als Nietzsche; Nietzsches politische Auslegungen sind zahlreich: siehe
z.B. Taurek, Bernhard H.F.: Nietzsche und der Faschismus.
Hamburg: Junius 1989.

38

höchsten entwickelten Typen" durchsetzen würden, sondern, wie die Geschichte zeige, auch „niedriger entwickelte Typen".[119]

In bezug auf Max Webers liberalistische Auslegungen wird Nietzsches Einfluß als widersprüchlich gewertet. Max Webers „Rationalisierungs"-Analyse, einer Kritik der „Rationalisierung auf dem Boden der Rationalität", mache deutlich, daß Max Webers „Wertetafel eine völlig andere war als die der liberalen Aufklärung" und eher eine Parallele zu Nietzsche darstelle.[120] Während nach Mommsen Fleischmann Max Webers liberale Komponente runterspiele und daher zu einer falschen Parallelisierung komme[121], bezweifelt Hennis, ob man Max Weber ,nach Nietzsche' noch einen Liberalen nennen könne. In Anlehnung an Nietzsches Begriff von Glück habe sich Max Weber vom „Credo jedes Liberalen" distanziert.[122] Er habe zwar liberale Positionen vertreten, aber nur soweit, wie sie nicht „hinzugelogene" waren. So wie sie Nietzsche am Konservatismus, der „eine bestimmte Interessenposition durch das Hinzulügen eines Wertes"[123] verkläre, verachtete. Hennis kann Max Webers „eigentümliche" Definition von Individualismus nur vor dem Hintergrund Nietzsches (und

---

[119] vgl. Lichtblau 1996:131; vgl. Nietzsches Kritik an Darwin in Der Wille zur Macht. 13. Aufl. Stuttgart: Kröner 1996:459-464.
[120] Hennis 1987:202.
[121] vgl. 1974:262.
[122] vgl. 1987:207-209.
[123] ebd. S.210.

Burckhardts) verständlich machen.[124] Aschheim bezeichnet Max Webers „theoretische Orientierung" als „Postliberalismus". So soll er mit Hilfe Nietzsches versucht haben, den Liberalismus zu retten, indem er „über dessen klassische Annahmen hinausging". Demnach propagierte Max Weber einen „schöpferischen, nietzscheanischen Individualismus", der „in den politischen Umgang mit den Massen integriert werden sollte".[125]

Laut Treiber blieb trotz aller theoretischer Gesellschaftsentwürfe bei beiden die praktische Einforderung aus: „Nietzsche wie Max Weber verzichten darauf, ihre Lebens-Entwürfe im politischen Kampf einzuklagen, sondern weichen aus in die ‚Wissenschaft' resp. ‚Philosophie'".[126] Treiber vergißt, daß Max Weber der Mitbegründer der Deutsch-Demokratischen Partei war und sowohl bei den Verhandlungen in Versailles als auch in der Kommission für die Weimarer Verfassung mitwirkte.[127]

In der Frage nach der Qualität eines „Erziehers" zieht Hennis letztlich auch hier eine Linie von „großen Erzieherfiguren" wie Nietzsche zu Max Weber, sie seien beide „an der weltfernen Maßlosigkeit ihrer Forderungen" und an „ihrem harten ‚Gebot der Konsequenz'" gescheitert.[128]

---

[124] ebd. S.212.

[125] vgl. Aschheim 1996:332-333.

[126] Treiber 1989:148.

[127] vgl. Bernsdorf 1980:485.

[128] Hennis 1996:110.

40

1.4 Nietzsches Einfluß in Max Webers Wissenschaftslehre

Durch den Einfluß Nietzsches soll auch Max Weber davon überzeugt gewesen sein, daß die Wissenschaft die Fähigkeit der Menschen unterminiere, in die Welt einen Sinn zu setzen.[129] In *Wissenschaft als Beruf* bezieht sich Max Weber auf Nietzsches Wort, Wissenschaft eigne sich nicht zur Sinngebung.[130] Wie Nietzsche sei er der Ansicht gewesen, Wissenschaft zerstöre alte, setze aber keine neuen Werte. Da sie demnach ihren eigenen Wert nicht begründen könne, müsse sie einen Wert voraussetzen, an den sie glaube. So gilt Germer zufolge im gemäßigten Verständnis Nietzsches „Wahrheit fördert nicht Wohl" auch für Max Weber.[131] Nach „Nietzsches vernichtender Kritik" sei für Max Weber die Wissenschaft als Weg zum

---

[129] vgl. Stauth und Turner 1986:92-93; Germer (1994:50) zitiert Nietzsche, der in der Wissenschaft eine „der sinnärmsten aller möglichen Weltinterpretationen" sah.

[130] vgl. Peukert 1989:51; Lichtblau (1996:157) sieht keinen Widerspruch zwischen Nietzsches „Gott ist tot" und Max Webers Diagnose des modernen Polytheismus: „Nietzsches Formel vom ‚Tod Gottes' bezieht sich nämlich auf jenen in der religiösen Evolution und später in der in ihrem Schatten stehenden neuzeitlichen Wissenschaft zum Ausdruck kommenden nihilistischen ‚Willen zur Wahrheit', den er auch als einen ‚Willen zum Nichts' umschreibt und dessen universalgeschichtliche Bedeutung ihm zufolge gerade darin besteht, daß er allmählich auch jene religiösen Grundlagen zum Einsturz bringt, denen er seine eigenen Herkunft verdankt."(S.154)

[131] vgl. Germer 1994:68.

Glück ausgeschlossen gewesen.[132] Beide hätten in dieser Wert- und Sinnfrage das eigentliche Problem der Moderne und damit letztlich auch das Verhältnis von Wissenschaft und Leben erkannt.[133] Nietzsches Gegenwartsdiagnose, der Nihilismus, wurde demnach bei Max Weber zur Entzauberung bzw. Rationalisierung der Welt.[134] Lichtblau sieht „verblüffende Übereinstimmungen" zwischen „Nietzsches Rekonstruktion der Ursprünge und Entwicklung der okzidentalen Moderne" und Max Webers Analyse der „Entzauberung der Welt".[135]

Peukert entdeckt in Max Webers „Wissenschaftslehre" „direkte Verweise oder assoziative Anspielungen auf Nietzsches Wissenschaftskritik". Max Weber beziehe sich hier, im Zusammenhang mit Wissenschaft, Ästhetik und Moral, ausdrücklich auf Nietzsche.[136] In Max Webers Schrift *Der Sinn der ‚Wertfreiheit' der soziologischen und ökonomischen Wissenschaften* bringt er Hennis zufolge den Kern von Nietzsches Denken zum Ausdruck: wie die Dekadenz des Menschen als Ergebnis von 2000 Jahren Geschichte aufgehalten werden könne. Max Webers Untersuchungen werden für Hennis von diesem „einen Gedanken nach dem Typus Mensch zusammengehalten", den er nur Nietzsche zu verdanken habe.[137] Der zentrale

---

[132] ebd. S.88. Für Nietzsche war der Zweck der Wissenschaft Weltvernichtung (vgl. Germer S.52).

[133] ebd. S.188.

[134] ebd. S.18.

[135] 1996:154.

[136] Peukert 1989:37.

[137] Hennis 1987:177.

42

Gedanke Max Webers, die Gesellschaft sei Mittel zur Menschenförderung, hätte nach Hennis ohne Nietzsche nicht gedacht werden können. Soziologie ist demnach eine Wissenschaft, die nach der Qualität der Gesellschaft frage: welchen Typus Mensch befördert oder unterdrückt sie?[138]

Nietzsches *Fröhliche Wissenschaft*, *Jenseits von Gut und Böse* und *Zur Genealogie der Moral*, enthalten Aufforderungen „zur empirischen Sammlung des moralwissenschaftlichen Materials", welche von entscheidendem Einfluß auf Max Webers Forschungen gewesen seien.[139] Peukert gibt Hennis Recht, wenn er behauptet, Werber folge einem „genuin nietzscheanischen Wahrheitskriterium".[140]

Hennis zufolge distanzierte sich Max Weber nur dort von Nietzsche, wo dieser glaubte, den „Fachwissenschaftler herauskehren zu können". Ansonsten ließ er sich von Nietzsche inspirieren, die „richtigen Fragen" zu stellen[141]. Ausgehend von der *Genealogie der Moral* und *Also sprach Zarathustra*, greife Max Weber laut Peukert die Grundfrage Nietzsches auf:[142] Wie „dienen Vorstellungen und Ideen dem Leben – und wie?"[143] Doch auch hier sei Max Weber Nietzsche nicht

---

[138] Hennis 1985
[139] Hennis 1985
[140] ebd. S.22.
[141] Hennis 1987:79. Max Weber bewunderte außerdem Nietzsches „theoretische Leistung" „prägnante Begriffe" zu bilden (Hennis 1987:179 Anm. 33).
[142] vgl. Peukert 1989:18.
[143] Baumgarten 1964:578 (in diesem Fall übernimmt er auch gleich Nietzsches Antwort: „...sie *entlasten* das Leben.")

blind gefolgt, sondern übte an den „Grundprämissen von Nietzsches *Genealogie der Moral*" auch Kritik.[144]

In bezug auf die Desillusionierung „gegenüber allen ‚universalistischen und ‚harmonischen' Restvorstellungen der Aufklärung", welchen Nietzsche schon „den Rest gegeben" habe, „radikalisierte" Max Weber, Hennis zufolge, die Positionen der historischen Schule[145]. Max Weber habe somit als erster aus Nietzsches „Nihilismus-Diagnose" die „radikalsten wissenschaftlichen Konsequenzen" gezogen.[146] Die von Nietzsche beeinflußten Positionen in Max Webers Wissenschaftsverständnis waren laut Hennis: der „Wille zur Wahrheit", sein „Interesse am menschlichen ‚Typus'", nicht an der „Menschheit", Nietzsches Persönlichkeitsbegriff „werde, der du bist", der „Wille unzeitgemäß zu sein"[147] und die „letzte Tugend", die „intellektuelle Rechtschaffenheit".[148] Mommsen sieht Max We-

---

[144] Lichtblau 1996:154.

[145] vgl. Hennis 1987:161-162.

[146] ebd. S.186.

[147] Max Webers unzeitgemäße Wissenschaftslehre, seine Umwertung der Werte ähnelte der Nietzsches, wenn auch nicht in ihren praktischen Konsequenzen (vgl. Peukert 1989:94).

[148] Hennis 1987:189-190; vgl. auch Hennis 1985; auch für Peukert (1989:14) ist der Begriff der intellektuellen Rechtschaffenheit eine Gemeinsamkeit zwischen beiden. „Intellektuelle Redlichkeit" und „Verantwortlichkeit" verwendet Max Weber im gleichen Sinne wie Nietzsche; vgl. zum Begriff Redlichkeit auch Treiber (1989:121); sich nicht selbst zu betrügen, rücksichtslos eigenen und fremden Wünschbarkeiten gegenüber zu sein, nennt Germer (1994:66) bei Nietzsche

44

bers wissenschaftliches Werk als Versuch, Nietzsches Sinn-Postulat zu entsprechen. Max Weber übernahm demzufolge das Werturteilsfreiheitspostulat von Nietzsche.[149] Für Peukert ist Max Weber, weil er auf Geniekult und prophetischen Anspruch verzichte, daher „der Vater der Rationalisierungs-Theorie".[150] Wo Nietzsche dogmatisch wurde oder den „Tatsachen Gewalt antat", habe ihn Max Weber daher auch einer methodischen Kritik unterworfen.[151]

Hennis fasst wieder Gemeinsamkeiten zusammen: der „Kampf gegen die Entpersönlichung des wissenschaftlichen Fragens bei gleichzeitiger Bestreitung ihrer Kompetenz zu verbindlicher ‚Wertschätzung'. Die ‚Objektivität' als bewußtere Form der ‚Subjektivität'. ‚Wertfreiheit' als ‚Unbefan-

---

Redlichkeit (diese orientiert sich am Leben) und bei Max Weber Rechtschaffenheit (welche sich an Stufe der Rationalität, als eine Eigenart der Wissenschaft orientiert); auch für Peukert (1989:25) ist wissenschaftliche Rechtschaffenheit ein Grundgedanke Max Webers in der Tradition Nietzsches. Max Weber verzichte allerdings auf Geniekult und einen prophetischen Anspruch; nach Lichtblau (1996:158) vertraten beide das Postulat der „intellektuellen Rechtschaffenheit" bzw. das „Gebot der Konsequenz". Er deutet daher Nietzsches „prophetische Anmaßungen" als Widerspruch, besonders in Webers Sinne, zu diesen Geboten; Baumgarten (1964:581) führt an, daß Nietzsches „unqualifizierte und untemperierte Präjustiz der ‚Unredlichkeit'" in Max Webers Augen den „Blick für weit vielfältigere Fundierungszusammenhänge" verstelle.
[149] vgl. Mommsen 1974:254 Anm. 41.
[150] Peukert 1989:85. In der Theorie der Werturteilsfreiheit der Wissenschaften sieht Peukert (S.93) eine „Wahlverwandtschaft zu Argumenten Nietzsches".
[151] Baumgarten 1990:578-579.

genheit'" und die Entwicklung von „Idealtypen"[152] als „Enttäuschungstechnik in bezug auf Allgemeinbegriffe".[153] Weitere Parallelen sieht Hennis im vergleichenden Studium der „Culturen", der „Diagnose der modernen Seele" und in den Gemeinsamkeiten in der Weltsicht, wie die „universalgeschichtlichen Probleme", welche Europa über die Welt gebracht habe, die zwei Ethiken – „Menschen der großen Verantwortlichkeit".[154]

Für Hennis ist Max Webers Scheidung von Erkenntnis des Seienden und des Seinsollenden nur vor der Folie Nietzsches zu verstehen.[155] Auch seine Entgegensetzung von Tatsachen und Werten muß man Hennis zufolge vor dem Hintergrund Nietzsches sehen.[156] Bei der Suche nach einer ei-

---

[152] vgl. Peukerts (1989:126) Definition des „Idealtyp" bei Max Weber und Nietzsche.

[153] Hennis 1987:190 und Anm. 59, in der er anmerkt, daß Max Webers „Begriff der ‚Objektivität' und der ‚Wertbeziehung'", trotz des Bezugs auf Rickert, und die Frage nach dem, was Wissenschaft leisten kann, „bis in die letzten Feinheiten nur vor dem Hintergrund Nietzsche richtig lesbar" sei.

[154] In Max Webers Verantwortungsethik in *Wissenschaft als Beruf* schwingt laut Peukert (1989:42) Nietzsches Übermensch mit. Für Treiber (1989:144) ist aus Max Webers Randbemerkungen bei Simmel 1907 ersichtlich, daß er eine „bezeichnende ‚Umwertung'" an Nietzsche vorgenommen hat. Er favorisiert demnach einen „Individualismus der Verantwortlichkeit"(S.145; vgl. auch Stauth und Turner 1986:85). Treiber nennt diesen „Verantwortungethiker" einen „rationalistischen Übermenschen"(S.145); Lichtblau (1996:133) zufolge schloß sich Max Weber einem „wertphilosophischen und verantwortungsethischen Verständnis Nietzsches an".

[155] vgl. Hennis 1988:82 und 1997:165.

[156] 1988:83.

genen „Wissenschaft vom Menschen" Max Webers stößt Hennis auf die Charakterogenese von Klages, die sich Weber zu eigen machte. Klages Vorgänger waren nach Hennis: Bahnsen, Schopenhauer und Nietzsche[157] – ein indirekter Einfluß.

Nietzsche hatte laut Eden die Geschichts- und Sozialwissenschaften „von Hegel befreit", indem er dessen „theoretischen Historismus" durch einen „praktischen" ersetzte. Max Weber habe sich daraufhin Nietzsches Kritik am theoretischen Historismus zu eigen gemacht und damit „nietzscheanische Elemente" in die zeitgenössische Sozialwissenschaft und Geschichtsschreibung eingebracht.[158] Doch wende Max Weber Peukert zufolge Nietzsches Methode gegen dessen Resultat. Historie - von Nietzsche geschmäht - wird bei Max Weber zur ewig jungen Wissenschaft.[159] So kritisiere Max Weber Nietzsche, wo dieser eine geschichtliche Erscheinung als Ausdruck einer anderen denke.[160]

Eden zufolge habe durch Max Weber eine Abstufung der Philosophie erfolgt, die nur durch Nietzsches Hilfe möglich war (genau wie Webers Soziologie). Max Webers „Aufklärung" setzte laut Eden einer „Bevormundung" der Sozialwissenschaften durch die Philosophie ein Ende.[161] Eden

---

[157] vgl. Hennis 1996:42; vgl. auch 1997:119.
[158] vgl. Eden 1988:565-559.
[159] vgl. Peukert 1989:23-24.
[160] vgl. Baumgarten 1964:581.
[161] vgl. Eden, R.: Max Weber und Friedrich Nietzsche oder: Haben sich die Sozialwissenschaften wirklich von Historismus befreit? In: Mommsen, W.J. und Schwentker (Hrsg.): Max

registriert außerdem „tiefgehende Folgen" aus Nietzsches „Umdeutung von Geist als eine sublime Verfeinerung der menschlichen Grausamkeit" für Max Webers „Sozial- und Geschichtswissenschaft als *Geisteswissenschaften*" sowie für dessen methodologischen Schriften.[162] Peukert definiert das Deutungsmuster vom Kernbestand Max Webers Geschichtsdenkens in Nietzsches Spannungsbogen von „Appolonischem und Dionysischem".[163] Auf Nietzsches Frage nach dem „'Nutzen und Nachteil' der Wissenschaft 'für das praktische und persönliche Leben'" gibt Max Weber dann auch eine, so Peukert, durch Nietzsche selbst ermöglichte Antwort – um dem nietzscheanischen Abgleiten in den Nihilismus zu entgehen.[164]

Germer nennt den Positivismus Nietzsches und Max Webers gemeinsamen Gegner.[165] Nietzsches Kritik richtete sich gegen eine konservierende Wissenschaft wie die eines Comte, Spencer oder Mill. Er kritisierte also eine Methode, den Positivismus, nicht die Wissenschaft an sich.[166] Auch Max Weber wies deterministische Ansätze, wie die von Spencer, zurück. Objektivistische Positionen, wie in der Tradition von Hegel oder Comte, waren

---

Weber und seine Zeitgenossen. Göttingen; Zürich: Vandenhoeck und Ruprecht, 1988:557-579 (S.565).

[162] Eden 1988:572. Leider führt Eden diesen Gedanken nicht näher aus.

[163] vgl. Peukert 1989:51.

[164] ebd. S.16.

[165] 1994:68.

[166] vgl. Germer 1994:51-53 und S.101. Germer zitiert Nietzsches Kritik an Spencer (S.74).

für Max Weber ebenfalls unannehmbar.[167] Auch Max Weber kritisierte Mill, da dieser logische Konstruktionen und nicht die Wirklichkeit bei der Aufarbeitung des Erkenntnisweges zu Grunde lege.[168] Max Webers Methodologie gründe dagegen auf der Überzeugung, Wissenschaft erfasse nie Wirklichkeit.[169] Wirklichkeit sei nur eine Vorstellungsveränderung.[170]

Trotz all der hier aufgeführten Postitionen Max Webers, die auf Nietzsche zurückgeführt werden, beschritten beide verschiedene Wege der Kritik an Rationalität und Wissenschaft.[171] So ist der Intellektualismus bei Max Weber eine eigenständige Kraft, bei Nietzsche dagegen ein moralisches Phänomen.[172] Letzten Endes beobachtet Germer von Nietzsche zu Max Weber einen Perspektivenwechsel vom Leben zur Wissenschaft.[173]

Max Weber praktizierte, wie Germer zeigte, eine andere Form von Wissenschaft als die, die Nietzsche kritisierte.[174] Nietzsche habe zwar das Problem Wissenschaft erkannt, löste es aber nicht. Die bei Max Weber eröffneten Möglichkeiten blieben Nietzsche verschlossen.[175] Nietzsches Wissenschaftskritik war zeitgebunden, da er sie am Positi-

---

[167] ebd. S.105.
[168] ebd. S.97.
[169] ebd. S.106.
[170] ebd. S.114.
[171] ebd. S.184.
[172] ebd. S.78.
[173] ebd. S.66.
[174] ebd. S.119-120.
[175] ebd. S.61.

vismus ausrichtete.[176] Max Webers Betrachtung
wissenschaftlicher Arbeit habe zwischen dem Op-
timismus des Positivismus und Nietzsches Pessimismus gelegen.[177] Nietzsches Frage „Wieviel
Wahrheit *erträgt*, wieviel Wahrheit *wagt* ein
Geist?" setzt Fleischmann, laut Germer zu Recht,
parallel zu Max Webers Äußerung zum persönlich
Sinn seiner Wissenschaft: „Ich will sehen, wieviel
ich aushalten kann."[178] Für Peukert stellte Max
Webers „Lebensentwurf mit seiner Betonung der
Wissenschaftlichkeit geradezu das symmetrische
Kontrastbild zu Nietzsches ‚Karriere'" dar.[179] Er
forschte unbefangener als seine Mentoren Nietzsche und Marx, doch bewegte er sich „immer auf
ihrem Boden."[180]

1.5 Zusammenfassende Bewertung

Wie sich zeigte, weisen die Nietzsche-Max Weber
Rezensenten einen maßgeblichen Einfluß Nietzsches auf das Werk Max Webers nach. Max Webers eigene Bemerkungen, aber noch mehr seine
indirekten Anspielungen, die Wahl seiner Themen
und sein methodisches Vorgehen sind für die Au-

---

[176] ebd. S.185.

[177] Germer 1994:121. Für Peukert (1989:36) wählt der „depressive" Max Weber, im Gegensatz zu Nietzsches prophetischen Pathos, die wissenschaftliche Pathologie (vgl. auch oben
Anm. 110).

[178] Zitiert nach Germer 1994:65.

[179] Peukert zitiert nach Treiber 1989:120.

[180] Baumgarten 1964:581.

50

toren ein Indiz dafür, daß Max Webers Werk ohne Nietzsche so nicht hätte gestaltet werden können. Zwar ist nicht immer nachvollziehbar, ob behauptete Parallelen zu Nietzsche nun direkt auf ihn zurückgeführt werden können oder ob Max Weber auch ohne Nietzsches Vorarbeit bestimmte Schlüsse gezogen hätte, doch ist nach Darlegung der Ergebnisse die Wahrscheinlichkeit eines starken Einflusses Max Webers durch Nietzsche hoch.

Das zeigt sich gerade in Webers Religionssoziologie. Sie ist geprägt von der, bei Nietzsche thematisierten, Welt ohne Gott. Da beide an eine Welt des Kampfes glauben, sehen sie Konflikte für eine Religion der Liebe unabwendbar. Doch wird gerade hier die Unschlüssigkeit vieler Autoren deutlich, ob und wie Max Weber Nietzsche umgedeutet habe und in wie weit er dessen Vorwürfe gegen das Christentum vertrat oder ob er aus eigenem moralischen Empfinden dem kirchlichen Grundgedanken treu blieb. Jedenfalls teilte Max Weber nicht Nietzsches Vorwurf einer Ressentimentreligion. Er scheint sogar das Christentum vor den Attacken Nietzsches in Schutz nehmen zu wollen. Generell hielt Max Weber zu Nietzsches „Immoralität" und „Verbrämungen" Abstand, ob aus moralischer oder wissenschaftlicher Motivation bleibt unklar.

Auch in Max Webers politischer Soziologie und seinen gesellschaftlichen Deutungen ist seine Nähe zu Nietzsches Positionen deutlich herausgearbeitet. Max Weber wird wie Nietzsche als Kulturpessimist dargestellt. Beide teilten ein Menschenideal, welches auf dem Kampf ums Dasein gründet. Der Wille zur Macht kennzeichnet für beide den Führertypus. Aristokratische Wertvorstellungen, die Anerkennung eines Ausleseprinzips, welches die Rangordnung in der Gesellschaft bestimme, leitete Max Webers Sozialpolitik und sein Verständnis von Staat und Wirtschaft. Doch Nietzsches Verachtung der Masse, seine „Herrenmoral", wurde von Max Weber in seiner soziologischen Arbeit nicht geteilt. Von Nietzsches radikalen politischen Aussagen hat sich Max Weber distanziert.

Diese Fachgebundenheit ist dann auch die dritte thematische Auswirkung von Nietzsches Einfluß auf Max Weber. Die Wert und Sinnfrage in der modernen Kultur sind bei beiden geprägt von einer „Entzauberung der Welt". Das Aufhalten einer vermeintlichen Dekadenz des Menschen sollte für beide Ziel der Wissenschaften sein. Max Webers Interesse am Individuum wird auf Nietzsches Hervorhebung des Einzelnen zurückgeführt. Die Erkenntnis des Lebens und seiner Geschichte, ohne moralische oder ideologische Umschweife, wird als Max Webers Umsetzung des nietzscheanischen Wahrheitspostulates gesehen. Doch bleibt Max Weber auch hier der Sozialwissenschaftler und hält Distanz zu Nietzsches philosophischer Weltsicht, d.h. eines pathetisch verklärten Blicks auf Gegebenheiten, welche wissenschaftlich keine Prophetie oder eine „Flucht in den Mythos" zulassen. Letzten Endes wird Max Webers „Rationalisierung" unter dem Einfluß Nietzsches gesehen, doch trennen sich die Perspektiven in Leben (bei Nietzsche) und Wissenschaft (bei Max Weber).

Nietzsches Einfluß auf Max Weber war damit zwar nachhaltig, verleitete ihn aber nicht dazu, seine Wissenschaft in den Dienst einer nietzscheanischen Mission zu stellen, oder sich gar als Nachfolger Nietzsches zu geben.

Wie weit sich Nietzsches Einfluß hingegen auf Freyers Arbeit auswirkte, wird im Folgenden dargestellt.

2. Nietzsches Einfluß in der Soziologie von Hans Freyer

2.1 Stand der Freyer-Nietzsche Rezeption

In der wenigen Literatur über Freyer wird auf zahlreiche Einflußquellen hingewiesen. Besonders Hegel gilt als wichtige Quelle für Freyer, aber auch Marx, Tönnies, Sombart und Max Weber werden oft genannt.[181] Doch gerade Nietzsche ist es, dessen Einfluß auf Freyer in vielerlei Hinsicht auffällt.

Zentraler Punkt in der Debatte über das Thema Nietzsche-Freyer ist immer wieder der Konservatismus. Zu Beginn des 20. Jahrhunderts stellte sich die Frage nach „dem Freiheitsraum und der Persönlichkeit des Menschen in den modernen industriegesellschaftlichen, großorganisatorischen Strukturen".[182] Unter anderem durch die einsetzende Nietzsche-Rezeption, so Kruse weiter, wurde diese Frage verstärkt und radikalisiert. Auch für Freyer blieb dieses Mißverhältnis zwischen Fortschritt und menschlichen „haltenden Mächten", zwischen Industriekultur und Freiheit bis zum Schluß The-

---

[181] z.B. von Muller, Jerry Z.: The Other God That Failed. Hans Freyer and the Deradicalization of German Conservatism. Princeton, New Jersey: Princeton University Press 1987:35, vgl. auch S.80.

[182] Kruse, Volker: Historisch-soziologisch Zeitdiagnosen in Westdeutschland nach 1945: Eduard Heimann, Alfred von Martin, Hans Freyer. Frankfurt am Main: Suhrkamp 1994:23-24.

ma.[183] Nietzsches Ideen werden schließlich „zur Ideologie einer Avantgarde, deren Motto ‚Revolution von Rechts‘ hieß.“[184] Und Freyer, Mitglied des jungkonservativen „Tat“-Kreises, „profiliert sich als Vordenker im rechten politischen Spektrum.“[185]

Auch Aschheim sieht eine besondere Rolle Nietzsches auf Seiten der Rechten wie „für die mit Eugen Diederichs und Hans Freyer verbündeten kulturellen und politischen Erneuerer“.[186] Er weist ferner auf die Schlüsselrolle des Weimarer Nietzsche-Archivs in der Entwicklung der radikalen Rechten hin. Hugo Fischer, aus dem „radikal konservativen Kreis“ um Freyer, habe „sowohl Marx wie Nietzsche als Kritiker der Dekadenz der bürgerlichen Gesellschaft“ empfohlen. Wobei Fischer Nietzsche für den „überlegenen Denker“ gehalten haben soll, da dieser im Gegensatz zu Marx in der Lage gewesen sei, „zwischen einer bloß symptomatischen und der wirklichen Dekadenz zu unterscheiden.“[187] Aschheim zufolge entdeckte Freyer unter dem Eindruck des Dritten Reiches schließlich „Nietzsches These, Kultur und Geist seien vernachlässigt“ - in Anlehnung an die *Unzeitgemäßen Betrachtungen* - wieder.[188]

---

[183] vgl. Üner 1998:405.

[184] Martin zitiert bei Kruse 1994:104.

[185] Kruse 1994:28.

[186] 1996:159.

[187] ebd. S.200.

[188] was Muller Aschheim zufolge „äsophische Kritik“ nannte (ebd. S.275); siehe zum Thema Freyers Verhältnis zu Nietzsche und das Dritte Reich auch unten S.61 ff.

56

Für Malorny gehörte Freyer neben Bäumler, Jünger, Sprengler u.a. sogar zu den „Ideologen des sogenannten Jungkonservatismus und der nationalen Rechten" der Weimarer Republik, die Nietzsches Ideen „zur weltanschaulichen Begründung einer aggressiven Außenpolitik" und einer „auf Mobilisierung für den Krieg gerichteten Innenpolitik" verarbeiteten.[189]

Fetschers Beschreibung von Freyers kämpferischem Stil und revolutionärer Thematik erinnert an eine Rezension über Nietzsche. Die Verbindung zu Nietzsche sieht Fetscher bei dessen Polemik in der Verachtung der ökonomischen und technischen Zivilisation, die Freyer als „zutiefst romantisch" gekennzeichnet haben soll.[190]

Breuer geht zwar nicht direkt auf den Einfluß Nietzsche in Freyer ein, doch interpretiert er Freyer an manchen Stellen, als handele es sich um Nietzsche: Auch Freyer habe gefragt, ob technische Kultur nicht Wagnis wider alle Vernunft sei. Auch er habe sich zu „biologischen Verbrämungen" über Blut und Rasse, wie in *Antäus*, hinreißen lassen, habe im Staat Führungsrollen für den Arzt, den Lehrer, den Ingenieur und den Dichter vorgesehen. Auch Freyer sei der Meinung gewesen, die bürgerliche Gesellschaft habe die Ständeordnung zerstört. Und bevor nicht die „gesellschaftliche Deformation des Volkes" behoben sei, bewirke der Stände-

---

[189] Malorny, Heinz: Zur Philosophie Friedrich Nietzsches. Berlin, DDR: Akademieverlag 1989:13. Ein Text der marxistischen Nietzsche-Kritik.
[190] vgl. 1980: 183.

staat nichts. Auch Freyer habe Deutschland die europäische Bestimmung zugewiesen, Mitte des Abendlandes zu sein. Doch habe Freyer bestritten, Gegenwart und Zukunft seien durch das Gesetz der Wiederkehr bestimmt.[191] All diesen Punkten wird im Folgenden noch nachgegangen.

Sieferle sieht den Begriff des „Lebens", das „Triebhafte, Über- und Irrationale", als Mittelpunkt von Freyers Theorie.[192] Ein Begriff, der auch bei Nietzsche im Zentrum seines Werkes stand. So stellt für Sieferle Freyers *Antäus* die „Begründung einer lebensphilosophischen Ethik" dar und ist an den Ton Nietzsches oder Rilkes angelehnt: „dityrambisch, antirationalistisch, evozierend."[193] Wenn Sieferle hier den Begriff ‚Kampf' als „ewiges Element des Lebens" bei Freyer beschreibt, ist auch damit ein Grundgedanke Nietzsches berührt. In *Der Staat*, in dem Freyer zwei unterschiedliche moralische Haltungen in der Macht des Siegreichen und der Ohnmacht des Unterlegenen feststellt, erkennt Sieferle „Nietzsches Unterscheidung von Herren und Sklavenmoral" wieder.[194]

Baier zufolge hat Freyer „gerade mit der Aufnahme des Nietzsche'schen Voluntarismus und Etatismus in der Soziologie eine nicht unerhebliche Rolle gespielt". „Derartige Detailnachweise" seien

---

[191] vgl. Breuer S.71-106.
[192] Sieferle, Rolf Peter: Die Konservative Revolution. Frankfurt am Main: Fischer Taschenbuch Verlag 1995:167.
[193] ebd.; vgl. auch Muller (1987: 65) zu Antäus: „... a hybrid of Rilke and Nietzsche".
[194] 1995:173.

aber „nur ein Gleis der Rezeptionsforschung."[195] Demnach wollte Freyer wie Nietzsche eine „*Aufhebung der Soziologie*", in der er „sie aktivistisch in eine Nachgesellschaft", den „Volksstaat", verändert.[196]

Auch bei Üner finden sich nur wenige Anmerkungen zum Thema Freyer-Nietzsche. So sieht sie Freyer in seinen politischen Schriften „in den Mantel des Propheten" schlüpfen, „der im Sinne und Stile Nietzsches *Jenseits von Gut und Böse*" eine „radikal neue, die ‚bürgerliche Moral' auf den Kopf stellende ‚Ethik' verkündet."[197] Dieser Einfluß Nietzsches auf Freyer wird für Üner besonders in drei Schriften deutlich: *Pallas Athene, Revolution von rechts* und *Prometheus*. Wobei für Üner die beiden letztgenannten „mit der Idee der plebiszitären Führerdemokratie einem Nietzscheanischen Staatsmodell wahrscheinlich viel näher" standen als *Pallas Athene*.[198] Die zentralen Begriffe Entscheidung, Tat und Führerschaft, die Üner bei Freyers findet, sind ein weiterer Hinweis auf Nietzsches Einfluß.[199]

In der Einleitung zu Goetz *Propyläen-Weltgeschichte (1931)* drücke Freyer Üner zufolge „im Anschluß an Nietzsche die Zweifel der jünge-

---

[195] 1981/82:26.

[196] ebd. S.27.

[197] 1992:117

[198] ebd. S.125; deshalb sollen hier diese beiden Schriften zur Analyse von Nietzsches Einfluß in Freyers Kultursoziologie und seine politische Soziologie dienen.

[199] vgl. Üner 1998:394.

ren Generation" aus.[200] Als solcher Zweifler gehörte Freyer auch der „Leipziger Schule" an. Diese versteht Üner als eine „geistige Bewegung", bei der die „'Revolution' im Sinn des ‚Umsturzes der Werte' und eine Weltsicht – der ethische Appell und ein bestimmtes ‚Menschenbild'" - im Vordergrund standen.[201] Auch sie hatten, wie Nietzsche, ihre Probleme mit der Etikettierung als Positivisten.[202] Doch sahen sie sich als Erben der Französischen Revolution[203] - was Nietzsches Selbstverständnis nun vollends widerspricht, und das auch Freyer, wie sich noch zeigen wird, von Nietzsche entfernt.

Lediglich der Amerikaner Muller geht konkreter auf die Frage nach Nietzsches Einfluß auf Freyer ein. In seinen Frühschriften zeigte sich Freyer Muller zufolge in der Rolle des ‚radikalen konservativen Ideologen' und eines akademischen Sozialwissenschaftlers. Nach 1925, mit seinem Lehrstuhl für Soziologie, habe er versucht, diese beiden Rollen zu versöhnen.[204] Raul Richter war es dann, der den jungen Freyer zu Nietzsche und anderen

---

[200] 1998: 376.

[201] ebd. 378; auch Arnold Gehlen kommt aus der „Leipziger Schule". Er ist ein Schüler Freyers und ebenfalls stark von Nietzsche beeinflußt (vgl. Brede, Werner: Institutionen von rechts gesehen: Arnold Gehlen. In: Corino, Karl [Hrsg.]: Intellektuelle im Bann des Nationalsozialismus. Hamburg: Hoffmann und Campe 1980:95-106 (S.95 ff.).

[202] ebd. 381; zu Freyers Verhältnis zum Positivismus siehe unten S.30.

[203] ebd. 386.

[204] vgl. Muller 1987:121.

Kritiker des Christentums und der Moral führte.[205]
Nach Muller akzeptierte Freyer nicht nur Nietzsches Behauptung von „Gottes Tod" und daß alle Versuche, eine universelle Ethik zu konstruieren versagt haben, sondern versagte sich auch, wie Nietzsche, ganz dem Christentum.[206] Die Auseinandersetzung mit Fichtes Sittenlehre 1920, in der Freyer erklärte, auch ein säkularisierter Protestantismus würde seine ethische Struktur beibehalten, ist für Muller eine Anlehnung an Max Weber und Nietzsches *Genealogie der Moral*.[207] Muller sieht Freyers Kritik der unnatürlichen Zivilisation und Technologie in der Tradition von Nietzsche, aber auch von Schopenhauer, Burckhardt und Wagner. Freyer habe nach Wegen gesucht, die alte und neue Welt zu kombinieren.[208] Freyer sei auch von Nietzsche geleitet gewesen, als er feststellte, daß das Individuum die Wahl der Werte nicht rational vornehme. In Anlehnung an Kants Kritik der objektiven Wahrnehmung übernahm Freyer demzufolge Nietzsches Ablehnung der These, es gebe universelle Wahrnehmungskategorien.[209] Muller beleuchtet auch Freyers Nietzsche-Verständnis im Dritten Reich. Nach dem Machtwechsel in Deutschland bezeichnet Freyer in *Das Politische Semester (1933)* Nietzsche als einen der „geistigen Väter und Führer dieser Verwandlung". Allerdings,

---

[205] ebd. 35.
[206] ebd. S.29-30 und S.34.
[207] ebd. S.51.
[208] ebd. S.85.
[209] ebd. S.174.

schreibt Muller, setzt Freyer Nietzsches Rolle von der anderer intellektueller, aber direkter Wegbereiter der NSDAP, wie Sprengler, van den Bruck und Stapel, ab.[210] Freyers Artikel über Nietzsche in *Die großen Deutschen* von 1936 ist für Muller ein Versuch Freyers, Systemkritik unter der Maske Nietzsches zu üben.[211] Der Artikel stellt für Muller gleichzeitig eine Ausnahme in der Vereinnahmung Nietzsches durch „Nazis wie Bäumler" dar. Beim Lesen des Originaltextes entsteht allerdings, wenn man den Nationalsozialismus nicht als Widerspruch zum Deutschtum sieht, ein ganz anderer Eindruck. Zwar erkennt Muller, daß Freyer Nietzsche so dargestellt hat, als habe dieser in den Deutschen die Träger all seiner Hoffnungen gesehen, doch ist Mullers These, Freyer habe hier Kritik an Nietzsche üben wollen oder habe sich gar vom „regime's ideologically preferred portrait" distanziert, nicht nachvollziehbar. Freyer bestätigt mit seinem Artikel nur die damals herrschende (oder erwünschte) Auffassung von Nietzsches Kampf für Deutschland und Europa.[212]

---

[210] ebd. S.258.

[211] ebd. S.300.

[212] Zwar macht Freyer, wie Muller bestätigt, keine direkten Aussagen zum Nationalsozialismus, doch wird sein Text 1936 in dem Band *Die großen Deutschen* veröffentlicht, wogegen er in der Ausgabe von 1956 durch einen weniger „faschistischen" Text von Löwith, der darin die „Nietzsche-Karikatur des Dritten Reiches" (S.582) heraushebt, ersetzt wurde. Auch Nietzsches Erwähnen seiner polnischen Herkunft, die laut Freyer nicht einmal verbrieft ist, stellt Freyer nicht, wie Muller behauptet, schlicht als Absage an das Deutschtum dar; sondern für Freyer kommt es Nietzsche bei diesem Hinweis auf „das

Da Freyer auch maßgeblich von Hegel beeinflußt gewesen sei, bezeichnet ihn Muller schließlich als einen „post-nietzscheanischen Hegelianer".[213]

Die zeitgenössische Werbung für Freyers Schriften bringt diesen direkt mit Nietzsche in Verbindung. Im Werbeanhang für *Antäus* in *Prometheus (1923)* wird Simmel mit den Worten zitiert: „Der Verfasser ist in das Tor eingezogen, das Nietzsche aufgestoßen hat."[214] An gleicher Stelle lobt Natorp, Freyer verstehe sogar „etwas von dem Kontrapunkt des Gedankens, den Nietzsche nie gezwungen, im Grunde gehaßt" habe. Für Joel ist hier Freyer ein „ganz reifer, souveräner Mensch"

Nicht-nur-Deutsche in seiner Erbmasse" darauf an, dadurch „die Anlagen zum guten Europäer" (1936:44) in sich zu tragen. 1942 untermauert Freyer in einem Artikel über *Nietzsche und das Deutschtum* in der Südostdeutschen Rundschau noch einmal seine Überzeugung. Hier beklagt er sogar, gerade die Emigrantenliteratur habe Nietzsche zum „Eideshelfer im antideutschen Sinne" (S.656) herangezogen. Freyers Artikel anläßlich des 50. Todestages von Nietzsche in 1950 paßt schon eher zu Mullers Vermutungen. Erst hier, nach dem Dritten Reich und dem „Mißbrauch" Nietzsches, wird Freyer sachlicher, distanzierter, weniger pathetisch, weniger militant. Kritik an der Umsetzung und Fehldeutung von Nietzsches Schriften, aber auch dessen Schuld an diesen Negationen, wird plötzlich laut. Um mit Nietzsche den Nationalsozialisten zu widersprechen, hätte Freyer z.B. Nietzsches Kritik an den Antisemiten betonen können, doch er tat es nicht. Nietzsche stand für Freyer nicht im Widerspruch zur NS-Ideologie - auch er machte Nietzsche für sie fruchtbar (vgl. auch Abschnitt 2.2 Freyers Verhältnis zu Nietzsche).

[213] vgl. Muller 1987:174.
[214] ebd. S.70.

von „ganz eigener Geisteshaltung", der „die ganze Geschichte der Philosophie geschluckt" und Nietzsche sogar „ins Objektive entladen und überwunden" habe. Im Werbeanhang von *Revolution von Rechts (1931)* sieht die Vorhessische Zeitung in *Antäus* sogar zum ersten Mal seit Nietzsche „wieder produktive Philosophie". In der Werbung für *Prometheus* in *Revolution von Rechts (1931)* und *Pallas Athene (1935)* schreibt die Kasseler Post: „Man darf schon den Namen Nietzsches nennen, um die Art Freyers, Philosophie zu treiben und Philosophisches auszusagen, anzudeuten." Dieser Satz trifft ebenso auf die weiter unten folgenden Ausführungen zu Freyers Soziologie zu.

2.2 Freyers Verhältnis zu Nietzsche

Freyer selbst gab in seinem Werk nur wenig direkte Hinweise auf Nietzsche als Quelle. In seiner *Einleitung in die Soziologie (1931)*, wo er auch die philosophische Vorgeschichte der Soziologie beschreibt, erwähnt er Nietzsche z.B. überhaupt nicht. Hier ist ihm Hegel wichtiger. Wenn Freyer Nietzsche erwähnt, dann als den großen Kritiker seiner Zeit.

In *Das Politische als Problem der Philosophie (1935)* sieht Freyer in Nietzsche den großen Unzeitgemäßen, als den „fast einzigen" im 19. Jahrhundert, der „eine politische Philosophie wenigstens als Vorbild gesehen und als Ziel gewollt" habe. Die griechische Polis hatte Nietzsche Freyer zufolge bewußt zum Ausgangspunkt seiner Ethik und Metaphysik genommen. Er habe so erkannt, daß die Philosophie des 19. Jahrhunderts dem Politischen entfremdet war und durch diese Wirklichkeitsferne keine „lebendige Macht" werden konnte. Doch hält hier Freyer die „aktiv-politische Wendung", die Nietzsche „in letzter Stunde seinem Denken und Philosophendasein zu geben versuchte", für „Krampf und beinahe schon Wahn".[215] In *Die Vollendbarkeit der Geschichte (1955)* ist Nietzsche für Freyer das scheinbare Ende einer Geschichtsphilosophie als „Mitte des Denkens".[216]

In *Die weltgeschichtliche Bedeutung des 19. Jahrhunderts (1951)* ist Nietzsche der letzte „Ankläger und Warner" der dem 19. Jahrhundert und seinem Fortschrittsglauben widersprach.[217] Die „'Prämissen' des 19. Jahrhunderts" will Freyer hier in Nietzsches Sinne verstanden wissen.[218]

Mehr Aufschluß über sein Verhältnis zu Nietzsche gibt Freyer in seinen Artikeln über ihn. Besonders in seinem Beitrag über Nietzsche in *Die großen Deutschen (1936)* zeigt sich Freyer als großer Kenner und Verehrer Nietzsches und liefert wertvolle Hinweise auf die Bedeutung, die Nietzsche für sein eigenes Werk hatte. Freyers Stil ist in

---

[215] vgl. S.45 in den von Üner 1987 herausgegebenen Aufsätzen zur politischen Soziologie *Herrschaft, Planung und Technik.*

[216] ebd. S.94.

[217] 1951:6.

[218] ebd. S.9, „Nietzsche sagte einmal, die Maschine sei eine Prämisse, aus der alle Schlüsse zu ziehen einen erheblichen Mut voraussetzte."

dieser Schrift direkt auf Nietzsche bezogen und gleichzeitig von ihm abgeleitet:

Für Freyer war Nietzsche der „äußerste Fall" eines Philosophen, einer, der in seiner Philosophie aufgeht. Freyer erkennt in Nietzsches „philosophischen Willen" eine Einheitlichkeit, die in der Nietzsche-Rezeption nach seiner Meinung oft übersehen wird und deren sich auch Nietzsche „mit Recht" bewußt war. Nietzsche ist für Freyer der Umwerter von Jahrtausenden, der Philosophie nicht als „theoretische Angelegenheit" begreift, sondern „als Tat, als Sendung, als Schicksal". Freyer deutet Nietzsches Philosophie biographisch „als sich wandelndes, sich erfüllendes, im Siege scheiterndes und im Scheitern siegendes Menschenleben".[219] „Nietzsche hat sehr klar um die höhere Vernunft und Vorsicht unserer zukünftigen Aufgabe gewußt"[220] - eine Aufgabe, die Freyer selbst erfüllen will, wie sich in den nächsten Kapiteln noch zeigen wird.

Freyer begreift die Werke Nietzsches als Kampfschriften, deren scheinbare Wechselhaftigkeit als „Waffe" gegen seine Zeit dient. Freyer beschreibt in einer militanten Sprache Nietzsche als Krieger: er errichte eine „Front" und seine Standpunkte sind „Stellungen, Operationsbasen, zum Teil Tarnungen."[221] Nietzsches Philosophie klingt bei Freyer nach einem militärischen Angriffskrieg, der mit der Zeit immer radikaler und

---

[219] 1936:40.
[220] ebd. S.41.
[221] ebd. S.42.

totaler wird. Durch Nietzsche „wird die aktive und heroische Aufgabe der Philosophie, die seit Heraklit nicht mehr erfüllt worden ist", wiedergeboren.[222] Pathetisch zeichnet Freyer Nietzsches Leben nach: ein Leben voll Höhen und Tiefen, Enttäuschung und Einsamkeit.

Nietzsches Sicht der griechischen Antike, „das große Gegenbild gegen die Moderne"[223], beschreibt Freyer als sei sie seine eigene. Schopenhauer ist für Freyer Nietzsches „Künder und Vorbild", ohne daß er diesem aber dogmatisch verfallen sei. An diese Stelle scheint Freyer sein eigenes Verhältnis zu Nietzsche andeuten zu wollen.

Freyers Lob für Nietzsches Schriften drückt seine ganze Zustimmung aus: In den Griechenschriften der Baseler Jahre stecken „wunderbare, ganz tiefreichende und fernzielende, zugleich ganz Nietzschesche Einsichten".[224] Die *Geburt der Tragödie aus dem Geiste der Musik* nennt er „das wundersame Jugendwerk voller Jugendmut und – Melancholie".[225] Die erste *Unzeitgemäße Betrachtung* „ist wahrhaft schöpferische Polemik: sie prägt einen Typus."[226] Die *Zweite* traf das Herz des 19. Jahrhunderts. Mit *Menschliches, Allzumenschliches* ist Nietzsche für Freyer kein Positivist geworden, sondern „schafft sich in der Philosophie

---

[222] ebd.

[223] ebd. S.46; auch Titel wie *Antäus, Prometheus* oder *Pallas Athene* zeigen Freyers Verbundenheit zum Griechentum.

[224] ebd. S.48.

[225] ebd. S.49.

[226] ebd. S.51.

des freien Geistes nur neue Mittel des Kampfes".[227] *Die fröhliche Wissenschaft* bezeichnet Freyer als „tiefsinnig-mutwilliges" Buch. *Zarathustras* zentraler Gedanke, die ewige Wiederkunft, ist „das Siegel auf das Ja zur Erde."[228] *Jenseits von Gut und Böse* und *Die Genealogie der Moral* „zeigen den Stil Nietzsches in höchster Vollendung. Äußerste Schärfe der Gedanken verbinden sich in ihnen mit reichster Nuancierung des Ausdrucks, härtestes Urteil mit der Süßigkeit der vollen Reife."[229] Die *Götzendämmerung* ist „voll reifer Gedanken wie ein Herbst, ist außerdem ein Sturmangriff auf alles, was bisher Wahrheit hieß".[230] In seinen letzten Schriften wie *Der Antichrist* sieht Freyer Nietzsche „zum letzten Angriff" vorschießen. Im letzten Jahr von Nietzsches Schaffen habe dieser zwar „eine Selbsteinschätzung, die alles Maß verliert"[231], doch gehört für Freyer diese Selbsterhöhung in Nietzsches Kriegsplan, bis sie schließlich in die Krankheit übergeht. Für Freyer hat Nietzsche den Glauben, daß der Geist berufen sei, die Wirklichkeit zu gestalten, für uns gültig gemacht. Die letzten Sätze zu Nietzsches Beerdigung drücken noch einmal Freyers Verehrung aus: „Ein kleiner Kreis von Freunden ruft ihm den Dank der Welt für sein Werk und für sein Leben nach. Kaum daß ihre Worte verklungen sind, endet das Jahrhundert, dem

---

[227] ebd. S.53.
[228] ebd. S.55.
[229] ebd. S.57.
[230] ebd. S.58.
[231] ebd. S.59.

68

er angehörte, indem er es bekämpfte, und das er überwand, indem er eine neue Gestalt des Menschen im Geiste beschwor."[232]

Auch in seinem Nachwort als Herausgeber in *Vom Nutzen und Nachteil der Historie für das Leben* von 1937 ist Freyers Begeisterung für Nietzsche unübersehbar. In den *Unzeitgemäßen Betrachtungen* sieht Freyer hier Nietzsches Plan, „eine jener Hundert-Männer-Scharen zu formieren, die genug sind, eine ganze Kultur aufzubauen, vorausgesetzt, daß sie unzeitgemäß geraten sind und unzeitgemäß erzogen werden."[233] Freyer beschreibt Nietzsches Forderung, das ‚Nur-Zeitliche‘ in sich selbst zu besiegen und auf sich selbst zu stellen. Nur so könne man als „Gesetzgeber" auf die Zeit wirken. Auch hier wird klar, wie Freyer Nietzsche versteht und für sich selbst in seinen Frühschriften zum Vorbild nahm (was unten noch dargestellt werden soll). In der Unzeitgemäßheit sieht Freyer „die existentielle Bedingung, den logischen Ursprung und den ethischen Einsatz des Geistes überhaupt bezeichnet."[234] Die *Unzeitgemäßen Betrachtungen,* für Freyer „das erste vollwertige Dokument für Nietzsches kämpferische Natur", sprechen den Gegner an, der „einer deutschen Kultur im Wege steht." Diese Schriften seien daher

---

[232] ebd. S.60.
[233] Nachwort zu: Friedrich Nietzsche: Vom Nutzen und Nachteil der Historie für das Leben. Leipzig: Insel Verlag 1937:89-95 (S.89). Ein Plan, den sich Freyer selbst zu eigen gemacht hat (vgl. folgende Kapitel).
[234] ebd. S.91.

„von überzeitlicher Geltung".[235] In *Menschliches Allzumenschliches* sieht Freyer jetzt den Beginn von Nietzsches Kampf mit „vollem blutigen Ernst". Freyer lobt Nietzsches Prägung des Begriffes des „Bildungsphilisters" der *1. Unzeitgemäßen Betrachtungen*. In den *2. Unzeitgemäßen Betrachtungen* entlarvt Nietzsche Freyer zufolge die historische Weltanschauung, die der „liberalen Theologie" und des „Hegel-Epigonentums", „als Weltanschauung der schwachen Persönlichkeit und des Willens, der keine Zukunft hat." Nietzsche bekämpft „die Massenideale des modernen Kultur und Wissenschaftsbetriebes" und die Gefahr, die Deutschland durch seine „chaotisches Innerlichkeit" ohne „zuchtvolle Form" ausgesetzt sei.[236] Bei Nietzsche findet Freyer dann auch die „schönsten und eigensten Beiträge" zum Gegenbild des Menschen in diesem Zeitalter. Die besondere Leistung Nietzsches in den *Unzeitgemäßen Betrachtungen* ist für Freyer, daß Nietzsche hier den „menschlichsten und anspruchvollsten" Kulturbegriff geschaffen habe, der sich denken ließe. Sie sind für Freyer „ein einziges Ringen um die deutsche Form", und dokumentieren Nietzsches Liebe zu Deutschland. Zwar gesteht er auch hier Nietzsche späteren Haß auf alles Deutsche ein, rechtfertigt

---

[235] ebd. S.91. Auch hier erscheinen Deutungen, Freyer habe in diesem Nachwort eine Kritik am NS-Staat geübt (vgl. Mullers a.a.O. Versuch mit diesem Nachwort eine „Läuterung" Freyers zu dokumentieren), fragwürdig.
[236] ebd. S.93 - auch diese Lehre hat Freyer in seinen Schriften beherzigt.

70

ihn aber, wie schon 1936, mit Nietzsches Sehnsucht nach dem deutschen Wesen, welches in einer, nach Nietzsches Worten, „schmerzlichen und gewaltsamen Geburt" erst werden müsse.[237] Dieses Nachwort läßt sich nicht als stille Anklage gegen die Zeit (1937) verstehen, sondern als Aufforderung, Nietzsches 'Willen' zu Erfüllen.

Auch noch 1942 begründet Freyer die Widersprüche in Nietzsches Denken mit dessen „Kampfnatur". Er beschreibt ihn ganz so wie in den Vortexten. Er kämpfe nicht gegen Einzelne, sondern „gegen eine ganze Epoche und gegen alle Mächte, die ihr das Geprägte gegeben haben."[238] Ein Kampf, der in *Der Wille zur Macht* für Freyer „weltgeschichtliche Dimensionen" annimmt. Zwar nennt Freyer diese letzten „Verwerfungsurteile" hier krampfhaft und übersteigert, doch will er Nietzsche im Zusammenhang seiner Gedanken verstehen und nicht, wie im Falle der „antideutschen" Interpretationen, einzelne Sätze „herausklauben" und in „unlauterer Weise für ihre eigenen Zwecke verwenden."[239] Dabei habe Nietzsche den Deutschen einen „ungeheuren Wert" zuerkannt und „ganz große Hoffnungen" auf ihre Zukunft gesetzt. Deshalb sei er so hart mit ihnen ins Gericht gegangen und kämpfte „gegen alle, die das deutsche Volk von dem großen, aber schwer zu erreichenden Ziel ablenken wollen". Gerade Nietzsches

---

[237] vgl. ebd. S.95, Nietzsches Zitat bei Freyer.
[238] Nietzsche und das Deutschtum. In: Südostdeutsche Rundschau (Budapest), 1. Jg., Heft 9, 1942, S.654-659 (S.655).
[239] ebd. S.656.

Unzeitgemäßheit sei „die notwendige Ergänzung zu dem Kampf um eine zukünftige deutsche Form."[240] Nietzsche ist für Freyer auch Erzieher, „und zwar von der harten Sorte." Einer der „anstachelt" und „scheltet", um „anzustacheln". Denn Nietzsche habe die Deutschen als berufen empfunden, die neue Kultur zu schaffen. Nietzsches Verachtung gegen Bismarck teilt Freyer zwar nicht, doch sieht er auch hier den positiven Hintergrund, Nietzsche habe den Deutschen eine besondere Mission zugedacht. Eine Mission, die Freyer selbst erfüllen wollte, wie sich noch zeigen wird.

Erst in seinem Artikel anläßlich des 50. Todestages von Nietzsche in 1950[241] nimmt Freyers Enthusiasmus was Nietzsche betrifft ab. Hier ist Freyers Ton sachlicher, distanzierter, weniger pathetisch, weniger militant. Er sieht zwar immer noch den „Kampf gegen das Zeitalter" als die einzige klare Linie durch Nietzsches „vielspältiges und wandlungsreiches Werk", doch unterschlägt Freyer in diesem biographischen Text Nietzsches militärischen Werdegang genauso, wie dessen Bemerkung zu seiner polnischen Abstammung oder Nietzsches „Deutschenfeindlichkeit". Jetzt zieht er das Studium der Fragmente dem *Wille zur Macht* vor. Freyers Kritik an Nietzsche wird schärfer. *Der Fall Wagner, Götzendämmerung* und *Der Antichrist* bezeichnet Freyer nun als „ganz maßlose Kampfschriften". Nietzsches „Selbsterhöhung" in

---

[240] ebd. S.658.
[241] Nietzsche, der Verneiner. Zum 50. Todestag am 25. August. In: Kieler Nachrichten, Nr. 198 vom 25.08.1950, S.6.

Ecce Homo geht nun „in den Größenwahn der Krankheit über", ohne die Entschuldigung, die Freyer in den vorangegangenen Texten für Nietzsche fand. Erst hier bemerkt Freyer, Nietzsches „Prägungen" an „positiven Begriffen und Normen" seien „im 20. Jahrhundert prompt in politische Schlagworte und in scheinbare Normen der Zukunft umgesetzt worden." Begriffe wie „blonde Bestie", „Übermensch", „Wille zur Macht" legitimierten „hemmungslose Machtpolitik", „Rassenwahn", „brutale Selbstsucht", „Amoral" und „Atheismus". Für Freyer ist Nietzsche an dieser Entwicklung zwar nicht ganz unschuldig, sieht die Anwendung dieser Begriffe aber als „Kurzschlüsse" an. Schließlich hebt er Nietzsches „positive Gedanken", wie die der „großen Politik" oder sein „tiefes Wissen um die Notwendigkeit, daß das gesamte Erbe der vergangenen Jahrtausende in die Zukunft eingehen müsse", hervor. Nicht ohne sich dabei deutlich zu distanzieren, denn diese „Ahnungen" Nietzsches können für Freyer „das Riesengewicht der Negationen" nicht aufwiegen. Freyers Urteil über Nietzsche endet nun negativ: „An dem Versuch, soviel Nein in ein Ja umzumünzen, ist er gescheitert." Vielleicht schwingt hier, in Freyers letztem Text über Nietzsche, ein Stück Selbstkritik mit.[242]

Freyers Aussagen zu Nietzsche zeigen, wie beeindruckt er von dessen Person und Werk gewesen

---

[242] so wirft Sieferle, Rolf Peter: Die Konservative Revolution. Frankfurt am Main: Fischer Taschenbuch Verlag 1995:196, Freyer selbst ein Scheitern vor.

sein muß. Was hier am Stil und Inhalt der im unmittelbaren Nietzsche-Kontext stehenden Texte als Einfluß Nietzsches zu erkennen ist, läßt sich auch in folgenden Texten nachweisen. Freyer scheint dort sein Verständnis von Nietzsche als großen Widersacher des Zeitalters und Erneuerer des Deutschen Reiches auf sich selbst zu übertragen. Nietzsches Definition „unzeitgemäss - das heisst gegen die Zeit und dadurch auf die Zeit und hoffentlich zu Gunsten einer kommenden Zeit - zu wirken"[243] macht sich Freyer zum Motto.

2.3 Nietzsches Einfluß in Freyers Kulturtheorie: *Prometheus*

Antäus (1918), *Prometheus (1923)* und *Pallas Athene (1935)* gehören zu Freyers philosophischer Grundlegung seiner Soziologie, zum Gesamtsystem einer Soziologie als „geistige Bewegung". Für Üner stehen sie „für die Versöhnung von Mensch und Technik, Geist und Macht, für die Versöhnung der Klassen im ‚politischen Volk'."[244] In diesen allegorischen Schriften „huldigt" Freyer den Expressionismus im Stil des „Leipziger Kreises", der u.a. Kulturphilosophie mit der Soziologie verband.[245] Freyer löst in diesen „expressionistischen Dichtungen" „die gegenständliche Hermeneutik der kulturellen Gebilde in eine Art Kulturme-

---

[243] *Vom Nutzen und Nachteil der Historie für das Leben* S.247.
[244] Üner 1992:6.
[245] ebd. S.20.

74

thaphysik" auf.[246] Gerade in diesen Texten wird Nietzsches Einfluß besonders auffällig. Sie waren als Fortsetzung von Gedanken Nietzsches gelobt worden.[247]

Exemplarisch soll hier eine Schrift herausgegriffen werden, die, wie sich zeigen wird, in direkter Linie zu *Soziologie als Wirklichkeitswissenschafte (1930)* und *Revolution von rechts (1931)* steht: *Prometheus (1923)*.

In dieser kulturkritischen Schrift wendet sich Freyer „in seiner methaphernreichen dunklen Sprache an die Jugendbewegung und an nicht-akademische Anhänger der Lebensphilosophie."[248] Hier klingt an, wie sich Nietzsches Einfluß in *Soziologie als Wirklichkeitswissenschaft* und *Revolution von rechts* auswirken wird. Diese „Ideen zur Philosophie der Kultur", so der Untertitel von *Prometheus*, sind Freyers Kampfansage an das Zeitalter. Angelehnt an Nietzsches *Also sprach Zarathustra* und *Der Wille zur Macht* ersehnt sich Freyer hier die neue Welt, den neuen Menschen. Er definiert das Verhältnis zwischen Fortschritt und Natur neu. Sein Ideal der Kultur ist, was Freyer in *Die großen Deutschen* auch als Nietzsches Ideal sieht: das Griechentum. Gemäß Nietzsches Wort: „Wir glauben an den Olymp – und nicht an den

---

[246] ebd. S.167.

[247] vgl. zu *Antäus* und *Prometheus* Aschheim 1996: 275 Anm. 100 und oben S.63 zur zeitgenössischen Werbung; Üner (1992:125) erwähnt in Bezug auf Nietzsches Einfluß auch *Pallas Athene*.

[248] Sieferle 1995:172; vgl. auch Breuer 1995:71.

‚Gekreuzigten'...“[249], sind es die griechischen Götter und nicht der Christliche, die Freyer beschwört. Nietzsches Hyperboreer-Mystik klingt in Freyers Untertönen zu „unserem nördlichen Himmel“[250] und „unser nördliches Blut“[251] an. Die Wahl des Titels *Prometheus* ist für Freyer eine Anlehnung an den Gott, der den Menschen das Feuer brachte, aber auch Nietzsches Begriff von Prometheus, dem „Barbar aus der Höhe“[252], paßt zu dieser Schrift.

Zentrale Begriffe Nietzsches und die Gewalttätigkeit der Sprache machen *Prometheus* zu einer, wie Freyer ja Nietzsches Schriften nennt, Kampfschrift. Ein zentraler Begriff ist das Wort Geist. Bei Nietzsche der „Herold der Kämpfe und Siege des Leibes“[253] und ein „Werkzeug im Dienst zur Erhöhung des Lebens“[254], ist auch bei Freyer Geist ein Mittel zum Kampf, er war geteilt und deshalb machtlos gegen die Macht. Freyer will den Geist nun erwecken, denn dem Geist sei aufgegeben, ein Reich zu bauen. Und wenn sich die Macht zum Aufbau eines Reiches verpflichte, erhebe sie sich aus der „Sphäre des Nutzens“ in die „Sphäre des Geistes“. Doch noch sieht er den Geist auf dem Holzweg des Nihilismus, deshalb ist die Überwindung des Nihilismus, Nietzsche zentrales Thema in *Der Wille zur Macht*, auch Freyers Ziel.

---

[249] *Der Wille zur Macht* S.676.
[250] S.95.
[251] S.102.
[252] *Der Wille zur Macht* S.609.
[253] *Also sprach Zarathustra* S.98.
[254] *Der Wille zur Macht* S.434.

76

Wie Nietzsche sagt auch Freyer Nein zum Zeitalter. In den „Todfeinden der gegenwärtigen Gesellschaft" sieht Freyer die „Träger der Zukunft des Geistes". Er fühlt sich berufen, das „künftige Bild", „das Reich" zu schaffen. Um dieses „Reich nicht nur in der Idee, sondern auf Erden zu Bauen"[255], will er die „grübelnden Einzelnen" und „zerstreuten Häuflein", die einander zwar noch nicht kennen, aber zur Revolution bereit sein sollen, zusammenführen. Wie Nietzsche in *Also sprach Zarathustra* oder *Der Wille zur Macht* zeichnet Freyer ein Ideal dieser höheren, weil emanzipierten, Menschen.[256] Wie ein „heimliches Zentrum" sollen sie in die „ahnungslose Menge" wirken. Menschenseelen werden von der „Idee" als „Werkzeuge" benutzt.

Freyer wähnt sich in dem Zeitalter, das den Neubeginn bringen wird, so selbstverständlich wie Nietzsche die neue Welt kommen sah[257], sieht Freyer die Geburtsstunde des neuen Geistes kommen und hält seine „Bewegung" für die „Hüter

---

[255] *Prometheus* S.7.

[256] auch in *Vom Nutzen und Nachteil der Historie für das Leben* (S.295) glaubt Nietzsche mit „einem Hundert solcher unmodern erzogener, das heisst reif gewordener" könne man die „ganze lärmende Afterbildung dieser Zeit zum ewigen Schweigen" bringen.

[257] siehe *Zarathustras* Verkündung des großen Mittags (z.B. S.217) oder in *Der Wille zur Macht* die Anzeichen einer Erstarkung im 19. Jahrhundert (S.82 und 88), Nietzsches „frohe Überzeugung", daß der Weise jetzt in Europa wieder möglich werde. „Der Anblick des jetzigen Europäers" gibt ihm „viel Hoffnung: es bildet sich da eine verwegene herrschende Rasse"(S.637, vgl. auch S.640-641).

einer keimenden Welt"[258]. Um diesen Neubeginn
voranzutreiben, bedient er sich nietzscheanischer
Rhetorik und Härte. Macht und Wille sind weitere
Schlüsselbegriffe. So beschreibt Freyer, ganz im
Sinne von Nietzsche, die Notwendigkeit der Tat,
des Kampfes. Es gibt für Freyer keine fertige
Form, keinen verpflichtenden Plan, alles werde erst
durch die Tatkräftigen entstehen. Aus den „Prämissen der Philosophie" müsse sich der Geist
durch Tat verwirklichen, so wie es Nietzsche be-
reits forderte: der Philosoph als Gesetzgeber der
Zukunft.[259] Der Denker als Vorkämpfer des gesellschaftlichen Umschwungs. Aus der Analyse des
Zeitgeschehens wird die Prophetie des politischen
Kampfes. Für Freyer gibt es keinen philosophischen Begriff, der nicht dem „treibenden Geist"
eines Volkstums entspränge.

Tat bedeutet für Freyer realer Krieg. Immer nur
„das Schwert" entscheide, wem die Erde gehöre.
„Das Paradies" „unter dem Schatten der Schwer-
ter" – ist für Nietzsche ein „Symbolon", „an dem
sich Seelen vornehmer und kriegerischer Abkunft
verraten."[260] Freyer verrät sich nicht nur durch
seine Symbolik, sondern zählt sich selbst zu den
„Adeligen", die das Volk sammeln müssen, um es

---

[258] S.122.

[259] siehe *Der Wille zur Macht* S.647 und Kap. III. „Kritik der
Philosophie" S.278-326, sowie S.650: der Philosoph als
höchste Vergeistigung der herrschenden Kaste; in *Jenseits von
Gut und Böse* S.145, sind Philosophen Befehlende und Gesetzgeber.

[260] *Der Wille zur Macht* S.635.

zum „Aufbau des Reiches" zu führen.[261] Er sucht einen neuen Adel, wie Zarathustra die „Zeuger und Züchter" und die „Säemänner der Zukunft".[262] Diese zeichnen sich durch einen besonderen Willen aus, ihr besonderes Verhältnis zur Macht. Die Geschichte der Macht beschreibt Freyer vor dem Hintergrund Nietzsches, als das lebendige Prinzip des Wachstums, bei dem sich die unterschiedlichen Kräfte ins Gehege kommen.[263]

Das Willenswerk ist für Freyer ein Gebäude aus Macht. Doch sei dieser Wille „nicht immer an die dramatische Person eines Übermenschen gebunden"[264], womit Freyer auf Distanz zu Nietzsche geht. Denn Macht ließe zwar den politischen Willen wachsen, ohne sie gäbe es keinen Staat der der Geschichte fähig wäre, doch sei sie „kein bündiges Gebilde, sondern eine chaotische Summe von Mitteln und Chancen"[265]. „Macht haben, und immer mehr Macht haben müssen"[266] sei den schwachen Seelen zu eigen, aber auch den edelsten. Sie verleite zum Selbstzweck ohne Werke. Macht sei kein letzter Wert, sie dürfe kein Selbstzweck sein. Für Nietzsche war sie dagegen der Sinn allen Lebens.[267] Um Macht für sich wirksam machen zu

---

[261] S.13.

[262] *Also sprach Zarathustra* S.254.

[263] „Es gehört zum Begriff des Lebendigen, daß es wachsen muß, - daß es seine Macht erweitert und folglich fremde Kräfte in sich hineinnehmen muß." *Der Wille zur Macht* S.489.

[264] S.18.

[265] S.23.

[266] S.21.

[267] vgl. *Der Wille zur Macht.*

können, müsse das „irdische Werk des politischen Willens", so Freyer, „der Aufbau eines Reiches aus der Formkraft eines neuen Menschentums"[268] sein. Bisher erhoben sich aus der „Ermattung und der Reaktion" Freyer zufolge nur fragwürdige Revolutionäre und Parteien als Nutznießer. Seine Empörung klingt ganz nach Nietzsches Art: „Bastarde stehen auf, in den Herrenblut mit Sklavengefühlen versetzt ist, [...] und versprechen den Massen Freiheit und Brot nach Lust, wenn sie die alten Könige von ihrem Thron stürzen helfen."[269] Freyer fordert eine „schöpferische" Revolution.

Der Wille soll nun die Wirklichkeit ändern, durch Macht die Welt, die Natur umprägen. Zur Durchsetzung seiner Vision ruft Freyer zum Kampf auf: „Bauen wollen heißt einreißen müssen."[270] Es geht ihm um die Macht über die Herzen und Geister der Jugend, aber auch um die Erzwingung dieses Reiches mit Gewalt. In der „Heiligkeit des Zwecks" sieht Freyer die Rechtfertigung, auch zu „morden" und zu „brennen", wenn die widerstehenden Mächte dazu zwingen würden. In der Radikalität Nietzsches fordert Freyer den Kampf: Die „verlebte Kultur" müsse mit wirklichen Waffen beseitigt werden. Dazu will er Bürger züchten, die den Kampf um die Macht aufnehmen, die Intoleranzen schaffen. Denn diese höhere Menschlichkeit müsse erst erfunden und bewirkt werden, sie sei nie von selber oder durch die Einheit mit der

---

[268] S.26; vgl. auch S.60-63 „Der Wille erschafft das Reich...".
[269] S.15.
[270] S.32.

Natur da. Sinn und Härte des schöpferischen Tuns solle die Menschen im Innersten treffen. Nicht die Wohltat begründe dieses Tun, sondern die Pflicht. Frevel gebe es hier nur für Moralisten, nicht für den Schaffenden. Das Reich als „innere Form des Menschentums" werde nicht vergebens sein. Doch sollen „ewige Gesetze" schweigend anerkannt werden, nur das Freibleibende soll in die Hand genommen werden.

Freyer zitiert auch mehrfach wörtlich, ohne Hinweis, Nietzsche: „der edle Mensch" müsse zum „großen Ja fähig sein"[271], oder eine Kultur sei kein Schmuck, wie es „Banausen" sehen[272]. Deshalb will Freyer auch eine neue Kultur, eine, die man nicht bauen könne, wie man Rezepte mische. Vitale Interessen sollen „triebhaft" durch diese Kultur hindurchgehen.

Freyer sieht die Notwendigkeit einer Ordnung für die „Menschenhorden", die in der Natur „wie Vieh wachsen" würden. Was Nietzsche in *Der Wille zur Macht*[273] definiert, findet sich bei Freyer wieder: Rangordnung sei kein Zufall, sondern Ausdruck des „Wagemutes" des Einzelnen. Unterwerfung oder Herrschaft seien Ausdruck einer bestimmten Natur. So ist für Freyer Macht die

---

[271] S.36; vgl. Nietzsches „Ja zum Leben" (z.B. in *Der Wille zur Macht* S.609).

[272] *Vom Nutzen und Nachteil der Historie für das Leben* (S.333-334) findet sich hier wieder: Kultur könne was anderes sein, als die Dekoration des Lebens. Wahrhaftigkeit bringe eine dekorative Kultur zu Fall.

[273] Viertes Buch, I. Rangordnung S.581-658 und S. 11, 69, 504, 581 ff.

„natürliche Nahrung" des Mächtigen. Für das Ordnungsprinzip seines „Reiches" ist ihm die Natur der einzige Ratgeber: der „natürliche Staat" sei zugleich der vernünftige. Dieser Staat, aus Krieg geboren, ist auch für Freyer nur Mittel für die, die darin wohnen. Auch er strebt nach einem „reinen Menschentum", denn wo eine „reine Rasse" erwache, breche sie ihre Ketten.[274]

Diesen neuen Menschen zu formen heißt für Freyer, die auf ewig festgelegten natürlichen Strukturen nur zu verstärken und neue Möglichkeiten zu eröffnen. Doch postuliert er die Gleichheit der Menschen, deren gemeinsame, ewige Mythologie, wo nur der Geist mit verschiedener Macht spiele. Alle seien Hüter des Plans, aber nur wenige seien es bewußt. Für Nietzsche ist dagegen Humanität das Gegenteil von Rangordnung, und Gleichheit lehnt er vollends ab.[275] Freyer will seinen Ausführungen allerdings nicht als billige Humanität verstanden wissen, sondern als einen „höheren Standpunkt". Dennoch sind hier Nietzsches aristokratisches Prinzip und seine Verachtung der „Herde" nicht Freyers Vorbild. Freyer will zwar auch das Menschengeschlecht vervollkommnen, plant sogar eine neue Erde mit der irdischen Gottähnlichkeit des Menschen, doch ist für ihn der Mensch

---

[274] Nietzsche spricht sich an mehreren Stellen seines Werks für die Züchtung einer „Herrenrasse" aus (wie in *Der Wille zur Macht* S.591-592, 607-609, 640-641).
[275] *Der Wille zur Macht* S.31 und 39, 202-203, 509 und 602-603; auch in *Also sprach Zarathustra* S.128-131 wettert er gegen Gleichheit.

gut, will Frieden und Glück. Sein Ideal ist nicht Nietzsches Dionysos[276]. Für Freyer ist der Sinn der Geschichte, befreit zu sein von Sklaverei und die Einheit der Menschen herzustellen. Er verwirft ein Reich aus versklavten Menschen und fordert den Willen zur Menschlichkeit. Der Mensch soll Mittelpunkt sein. Nicht das „Lästermaul des aufgeklärten Jahrhunderts", aber seinen „freien Geist" will Freyer „hinüber retten". Utopisten solle man „das Maul" verbieten. „Argwöhnisch gegen Staat und Religion, skeptisch gegen alles außer der Vernunft" habe sich ein Geschlecht „zum Glauben an die natürliche Solidarität und den natürlichen Fortschritt der Menschheit bekannt."[277]

Er glaubt, „stolze Bürger der Demokratie" würden unter einem Gesetz, welches die Vernunft gegeben habe, freiwillig verbrüdert sein. Menschenrechte, Freiheit und Gleichheit würden nun zum ersten Mal ein glückliches Leben verbürgen. - Formulierungen, wie man sie nicht bei Nietzsche findet. Weder Demokratie noch Menschenrechte interessieren ihn.[278]

Freyer schwärmt zwar vom Volkstum seiner Heimat, doch hätten zuviel deutsche Untertöne so manche gute Melodie und Einfall verdorben. So seien wir verloren für eine „gewisse Weltbürgerrei", vielleicht noch zu einer „Weltkünstlerschaft" prädestiniert. Freyer fordert die Einheit der Völker,

---

[276] siehe *Der Wille zur Macht*.
[277] S.48.
[278] vgl. *Der Wille zur Macht* S. 490; *Also sprach Zarathustra* S.125.

die sich schon einander entgegenstrecken würden. Was jetzt noch „Geister scheide", sei reines Hindernis. Der „Hornvieh-Nationalismus" war auch nicht Nietzsches Ziel, er begrenzt seine Völkereinheit aber auf Europa.[279]

Freyer verehrt wie Nietzsche die Natur. Die Wege der Natur und das Naturrecht sind für ihn „Geist und Macht". So wie für Nietzsche der Mensch in der Natur das „grandiose Vorbild" einer Machtordnung darstellt.[280] In seiner Bemerkung, kein „Verächter des Leibes" zu sein, greift er wörtlich auf die Stelle „Von den Verächtern des Leibes" in *Also sprach Zarathustra* zurück. Und der Verzicht auf eine „Erlösung durch asketische Mittel" entspringt der dritten Abhandlung der *Genealogie der Moral* „Was bedeuten asketische Ideale?" Der „verirrte Wille des Lebens", die „tiefe Sünde wider das Gesetz seiner inneren Form", was sich für Freyer in solchen „Überwindungen" ausdrückt[281], ist Nietzsche entlehnt. Auch in weiteren Ausführungen Freyers klingt Nietzsche durch: Die Seele liebe alles, was irdisch ist. Diesen „heiligen Realismus" solle man nicht mit Sinndeutungen verfälschen. Freyer verzichtet auf „Gottes Reich" zugunsten des „irdischen Wunders". Gemäß Zarathustras Ausruf: „wir wollen gar nicht in's Him-

---

[279] vgl. *Der Wille zur Macht* S.502; vgl. auch unten Nietzsches Kritik am Deutschtum.

[280] vgl. *Der Wille zur Macht* S.81; siehe auch oben Freyers „natürlichen Staat".

[281] S.73.

melreich: Männer sind wir worden, - s o w o l l e n
w i r d a s E r d e n r e i c h ."[282]

Freyer schwärmt von einer Welt, „eingefügt in
die mütterliche Natur"[283], von der wir entfernt waren und jetzt reif zurückgekehrt seien. Eine Verna-
türlichung des Menschen sah Nietzsche schon im
19. Jahrhundert beginnen[284] - Freyer führt sie fort.
Die ewige Wiederkehr, ein zentraler Punkt in
Nietzsches Werk, ist für Freyer die ewige Wiederkehr des Menschen.[285]

Auch seine Wortwahl lehnt sich immer wieder
an Nietzsche an: Begriffe wie „Artistentum" und
„guter Geschmack", der „Baumeister der den Stein
zurechthaut", das „schwere Herz, welches die Tat
hemmt", sind Nietzsches Stil.

Wie bei Nietzsche das Leben der Maßstab für
alle Errungenschaften sein soll[286], soll bei Freyer
der Mensch der Sinn von allem sein. Die Wissenschaft werde frei zur Dienstbarkeit des Lebens
drängen. Was dem Ganzen nicht nützt, werde nicht
gelten. Der Mensch soll nicht zum Sklaven seiner
Werke werden. Der Mensch sei der Herr der sozialen Gebilde, es dürfe keine Götzenbilder geben. So
spricht er von der Gefahr des Fortschritts aus den
Studierstuben, wo Surrogate der Wirklichkeit fa-
briziert werden. Eine künstliche Erde habe von uns

---

[282] *Also sprach Zarathustra* S.393.

[283] S.96.

[284] *Der Wille zur Macht* S.86 ff.

[285] vgl. *Der Wille zur Macht* S.44, und 689-697; *Also sprach
Zarathustra* S.200.

[286] vgl. *Vom Nutzen und Nachteil der Historie für das Leben*
S.330 und *Der Wille zur Macht* S.343.

Besitz ergriffen, die Zivilisation das Herz des Menschen aufgefressen. Freyer sieht uns von der Natur entfremdet. Die Technik solle deshalb nicht mehr dumpf eingesetzt werden, sondern sich die Erde durch „schöpferische Wandlung" zu eigen machen. Er will einen Bogen zur Technik spannen.

Auch Nietzsches Warnung in *Vom Nutzen und Nachteil der Historie für das Leben*, daß ein Volk an einem Übermaß an Historie zugrunde gehe und auch die Historie im Dienste des erlernten Lebens gebraucht werden solle, folgt Freyer: Die Geschichte solle den Menschen dienen. Gefährliche Vorbilder müssen deshalb als konkrete Vergangenheit begriffen werden, man müsse frei werden, zu wollen was wir sind. Für Nietzsche redet Geschichte immer „neue Wahrheiten"[287], auch nach Freyer gilt jede Macht der Geschichte nur einmal. Die Geschichte denke in Pluralen, es gebe keine absolute Epoche. Wir müssen uns klar sein, was wir sind. Denn wenn wir wissen wollen, was werden wird, stören wir den Prozeß des Wachstums, wie den der Pflanze, wenn man ihre Wurzeln betrachtet. Aus Nietzsches „werde der du bist" wird bei Freyer „erkenne was du bist".

Freyer sieht gute Chancen seinen Plan zu verwirklichen, denn das System sei noch nicht vollendet, noch sei es ein sekundäres System. Noch hält er einen Ausbruch für möglich. Er glaubt, Erkenntnis und Einsicht würden den Weg der Zivilisation widerlegen. Der Geist ließe sich nicht zum

---

[287] vgl. *Der Wille zur Macht* S.649.

86

Werkzeug erniedrigen. Allem „gleichmacherischen Schwachsinn" zum Trotz hofft Freyer auf jene, die weltgeschichtliche Werke wagen. Denn starke Instinkte und Energien wollen keine Teile sein, sondern ein Reich bilden. Wie Nietzsche weiß Freyer in den negativen Zuständen seiner Zeit eine treibende Kraft zu erkennen.[288] Auch der Priestertrug, die Ungerechtigkeit und Willkür der letzterlebten Epoche werde ihnen nützen.

Der Kapitalismus gehört bei Freyer ebenfalls zu den zersetzenden Mächten. Denn dieser wolle kein Werk, sondern nur Profit und Maschinenmenschen. Er sei die Sachlichkeit der Sklaverei und mache alles zu Geldwert. Nietzsches „unmöglicher Stand" der *Morgenröthe* [289] steht hier Pate - alles wird taxiert. Der Arbeiter ist für Nietzsche nur noch ein Zahnrad. Um möglichst nutzbar zu sein, werde er mit Maschinen-Tugenden ausgestattet.[290] Freyer will dagegen aus dem Leben ein Werk machen. Und nur wer das Vermögen und Wissen besäße, gehöre diesem werktätigen Bunde an. Als Organisation mit starkem Kern, Führern und Gehorchenden will er mitreißen. Das Werk bilde zur Schar. Selbst der Sozialismus, der Gerechtigkeit nach einem Schlüssel bemesse, werde dagegen zur Schande. Freyer sieht diese Zukunft kommen „als

---

[288] vgl. *Der Wille zur Macht* S.608; ausführlicher siehe folgende Kapitel unten.
[289] S.183.
[290] vgl. *Der Wille zur Macht* S.603; siehe zum Kapitalismus und Sozialismus auch folgende Kapitel unten.

bräche ein Tag an" - der „neue Mittag" Zarathustras.[291]

Dieses Sendungsbewußtsein, dieser Protest Freyers gegen die Zeit, fließt auch in *Soziologie als Wirklichkeitswissenschaft* mit ein und ganz besonders, sozusagen in einer politischen Spezifizierung von Freyers Mission, in *Revolution von rechts*, wo auf einige dieser Thesen ausführlicher eingegangen wird.

2.4 Nietzsches Einfluß in Freyers Wissen schaftsverständnis:
Soziologie als Wirklichkeitswissenschaft

Freyers Absicht ist es, mit seiner *Soziologie als Wirklichkeitswissenschaft* der Soziologie eine philosophische Grundlegung zu geben. Wieder zeigt sich das Ineinandergreifen von Soziologie und Philosophie bei Freyer. Er verfolgt wie Nietzsche das Ziel, mit der Philosophie eine Wissenschaft von den Herrschaftsgebilden zu entwickeln, und fordert schließlich grundlegende Veränderungen seines Fachs.

Freyer versucht, wie schon Breuer erkannte, „den liberalen, statischen Gesellschaftsbegriff durch ein dynamischeres Verständnis zu ersetzen, demzufolge die bürgerliche Klassengesellschaft durch ihre eigene Dialektik die Bedingungen für ihre Überwindung erzeugte"[292], diese erfolgt dann

---

[291] siehe S.135.
[292] Breuer 1995:64.

bei Freyer durch die Revolution von rechts und endet im Staatssozialismus.

Wieder erwähnt Freyer Nietzsche an keiner Stelle. Andere Philosophen sind ihm wichtiger: Fichte, Kant oder Hegel, der für Freyer der eigentliche Gründer der deutschen Soziologie ist.[293] Soziologie ist für Freyer die Erbin der Geschichtsphilosophie. Aber es sei falsch, die Soziologie als Ersatz für „philosophisch Ungläubige" anzupreisen. So falsch, wie in der Philosophie einen Ersatz der Religion zu suchen, wovon auch Nietzsche abriet.[294]

Für Nietzsche ist die Soziologie die „Wissenschaft der décadence aus décadence"[295]. Sie ist für ihn die Lehre der Verfallsgebilde und beschreibt die Verkümmerung des Menschen. Der „Instinkt der Herde" sei für sie maßgebend, statt der einer

---

[293] für Freyer ist die Soziologie das „dialektische Entwicklungsprodukt" der Hegelschen Rechtsphilosophie (S.91, vgl. auch S.124 und 214); Hegels Entwurf der bürgerlichen Gesellschaft ist für Freyer allerdings undialektisch, ein „hölzernes Eisen"(S.264). Für Nietzsche hat Hegel mit seinem „realdialektischen Grundsatz" dem „deutschen Geist zum Sieg über Europa" verholfen (*Morgenröte* S.7). Den Begriff der *Entwicklung* verdankt die Wissenschaft laut Nietzsche Hegel (*Die fröhliche Wissenschaft* S.598). Zwar sind für Nietzsche die „Hegelianer und ihr verkrüppelter Nachwuchs" die „verruchtesten aller Deutsch-Verderber" (*Unzeitgemäße Betrachtungen I: David Strauss der Bekenner und Schriftsteller* S.228), doch sieht er in ihnen die eigentlichen Erzieher der Deutschen dieses Jahrhunderts (*Menschliches, Allzumenschliches* S.80).
[294] *Menschliches, Allzumenschliches* S.48; in *Vom Nutzen und Nachteil der Historie für das Leben* (S.305) sah er z.B. in der Historie eine verkappte Theologie.
[295] wie es Baier (1981/82:9) treffend festhält.

„aristokratischen Sozietät".[296] Dieses Verhältnis Nietzsches zur Soziologie ist leitend für Freyers Entwurf seiner Wissenschaft.

Er beschreibt die Soziologie als geschichtliches Phänomen, als Produkt der Zeitumstände. Nicht nur ihr Inhalt, auch ihre Aufgabe ist nach Freyers Sicht geschichtlich gebunden. Er ortet die Entstehung der Soziologie im nachabsolutistischen Zeitalter, der Epoche der bürgerlichen Revolutionen, als das zerfallende System der Ständeherrschaft und die Industrialisierung den Klassenkampf erzeugten. Soziologie ist demnach die Theorie der bürgerlichen Gesellschaft bzw. die bürgerliche Gesellschaft habe sie nötig, oder, wie Nietzsche es nennt, sie bedient die „Herdentier-Bedürfnisse".[297] Die Begründer der Soziologie selbst empfanden ihr Zeitalter, so Freyer, „als Unordnung, als Krisis, ja als Chaos." „Die glücklichen Zeitalter einer positiven Ordnung bedurften nicht der Wissenschaft von den Bedingungen und Gesetzen der gesellschaftlichen Wirklichkeit."[298] Und die Soziologie wisse, „daß sie das geistige Produkt einer Zeit ist, die wert ist, zugrunde zu gehen."[299] Deshalb sei es ihr eigenes „Missionsbewußtsein", zu helfen, das gegenwärtige Zeitalter zugrunde zu richten, indem sie es in ein neues, besseres überführen wolle. Durch die Ananalyse der Zersetzungserscheinungen soll sie der sozialen Ordnung die Erneuerung

---

[296] vgl. *Der Wille zur Macht* S.40-41 und 323.
[297] *Der Wille zur Macht* S.323.
[298] S.166.
[299] S.167.

abringen können. Die Beziehung von Staat und Gesellschaft ist demnach für Freyer das Problem der Soziologie; die Erforschung des neuen positiven Zusammenhangs zwischen ihnen, ihre Aufgabe. Nietzsche fordert statt der Soziologie, eine Lehre von den Herrschaftsgebilden, anstelle von Gesellschaft den Kultur-Komplex.[300]

Nietzsche kritisiert die Soziologen, die Gesellschaft nur aus ihrem Erfahrungshorizont, aus der Sicht und der Wertung ihrer eigenen Zeit beschreiben, deren Normen nicht den gesellschaftlichen Epochen entsprechen, die aus ihrer Gegenwart allgemeingültige Gesetzmäßigkeiten entwickeln wollen ohne die historischen Umstände zu berücksichtigen.[301] Aus dieser Kritik heraus entwickelt Freyer einen eigenen Begriff der Soziologie. Der „wahllose Empirismus", „der die Soziologie zum Katalog der gesellschaftlichen Erscheinungen"[302] mache, ist für Freyer lebensfern. Wirklichkeitswissenschaft definiert er als soziologisch-historisch: „Das geschichtliche Geschehen wird zu demjenigen Medium, aus dem sich die Gebilde der geistigen Welt herausheben und in dem sich der Formwandel vollzieht."[303] Soziologie ist für Freyer keine Lehre von allgemeinen Regeln und Gesetzen, sondern zielt mit ihren Begriffen auf eine jeweils ganz bestimmte Gesellschaftsordnung, ihr Werden, ihre Struktur und ihre Entwicklungstendenzen.

---

[300] *Der Wille zur Macht* S.323.
[301] vgl. *Der Wille zur Macht* S.40-41, 323 und 520.
[302] S.2.
[303] S.35.

Gesellschaftliche Gebilde sind also wesentlich zeitgebunden, zeiteingeordnet, geschichtlich bezogen. Die Soziologie sei keine Logoswissenschaft, die sich in feststehenden Gesetzmäßigkeiten bewegt. Gesellschaftliche Gebilde leben davon, „daß die Menschen sich dauernd willfährig in ihr Bildungsgesetz einfügen, sich dauernd neu zu ihrem Bestand bekennen."[304] Soziologie heißt demnach: „... eine lebendige Wirklichkeit erkennt sich selbst."[305] Und gesellschaftliche Wirklichkeit bedeutet „gegenwärtiges Schicksal und gegenwärtige Entscheidung".[306] Wie für Nietzsche gilt auch für Freyer: Es gibt keine Gesetze in der Geschichte.[307] Auch in seinem Versuch, durch Generalisierbarkeit ein System zu schaffen, um den Nachweis gesellschaftlicher Grundstrukturen zu erbringen, oder allgemeine Strukturbegriffe typischer gesellschaftlicher Wirklichkeiten zu gelangen, verweist Freyer immer wieder darauf, daß alle soziologischen Erkenntnisse sowie abgeleitete Kategorien, zeitgebunden, zu historisieren sind. Soziologische Begriffe haben der geschichtlichen Wirklichkeit nahezubleiben und sie in sich aufzunehmen.

Auch dem Positivismus gegenüber ist Freyer skeptisch. Dieser habe zwar den richtigen Weg gewiesen, doch werde konkrete Soziologie erst

---

[304] S.82; der Versuch, die Wirklichkeitswissenschaften logoswissenschaftlich umzubilden ist für Freyer die eigentliche Gefahr der Soziologie (vgl. S.205).
[305] S.83.
[306] S.87.
[307] vgl. *Vom Nutzen und Nachteil der Historie für das Leben* S.320.

durch die Auflösung einer Entwicklungsmechanik des sozialen Fortschritts möglich. Eine systematische, wertfreie Soziologie rücke ihr Objekt aus seinem Gefüge. Er kritisiert Versuche, Soziologie als Naturwissenschaft zu verstehen. Freyer fordert deshalb eine Bewertungsgrundlage, eine „Ethoswissenschaft". Auch dieser Gedanke findet sich bei Nietzsche. Eine mechanistische Weltauslegung lehnt auch er ab.[308] Der Positivismus, kritisiert er, bleibe bei den Phänomenen stehen, sei reine Interpretation. Es gebe keine „apriorischen Wahrheiten", sondern nur die Unterordnung unter einen herrschenden Gedanken, der seine Zeit habe.[309]

Wenn Freyer durch verschiedene Repräsentanten soziologischer Denkrichtungen den eigenen wissenschaftstheoretischen Gedankengang nach allen Seiten klären will, folgt er dabei Nietzsches Rat, aus „allen Fenstern" zu blicken[310]. Denn je mehr Augen man für eine Sache habe, so Nietzsche, umso vollständiger werde die Objektivität.[311]

Freyers Bemerkungen über die Subjektivität der Wirklichkeit und auch der Wissenschaftler sind ein weiterer Hinweis auf Nietzsches Einfluß. In *Die fröhliche Wissenschaft* bezeichnet Nietzsche die „Wissenschaft als Vorurteil" – die Wünschbarkeit

---

[308] vgl. *Der Wille zur Macht* S.337, 420-432.

[309] ebd. S.583.

[310] Nietzsche ist erkenntnistheoretischen Dogmen gegenüber „tief mißtrauisch" (*Der Wille zur Macht* S.279)

[311] Doch warnt er auch davor, daß die Objektivität nicht den „Instinkt kastrieren" dürfe (*Zur Genealogie der Moral* S.365); denn objektiv sein, mache „sanft" und „anschmiegsam" (*Vom Nutzen und Nachteil der Historie für das Leben* S.309).

leite den Wissenschaftler.[312] Nietzsche wehrt sich gegen alle „Tartüfferie" der Wissenschaftlichkeit, ihre Darlegung, Methoden und Ansprüche auf Objektivität. Nur die wenigsten hätten Kraft für die Wahrheit.[313]

Auch diese Sätze sind leitend für Freyer. Auch er glaubt, daß das Wollen Wahrnehmung und Erklärung beeinflusse und daher auch der Wissenschaftler voreingenommen sei. Das Erkenntnisobjekt trage schon eine Willensrichtung in sich. Auch der Begriff Gegenwart hat nach Freyer das Wollen des Betrachters in sich. Und der Historismus sei aus dem Willensgehalt der Gegenwart geformt – genau wie die Soziologie. Freyers Quelle ist unverkennbar: Für Nietzsche erfolgt die Beurteilung der Geschichte durch die eigene Schwäche der Historiker, die die Vergangenheit an Allerweltsmeinungen messen.[314]

Für die moderne Wissenschaft haben sich Freyer zufolge alle alten Zielsetzungen wie z.B. Gott erledigt. Auch diese Erkenntnis findet sich bei Nietzsche: die Voraussetzungen im Punkte Wissenschaft sind für ihn: kein Gott, keine Zwecke.[315] Die Loslösung der Wissenschaften von morali-

---

[312] S.624-626. Siehe auch „An die Realisten" S.421-422 und Drittes Buch S.467 ff.

[313] vgl. *Der Wille zur Macht* S.287 und 290. Die Wissenschaft leugne, daß etwas zum Wollen treibe.
(S.446). Vgl. auch zur Wahrheit S.310, 314, 316, 343-348 und 377.

[314] vgl. *Vom Nutzen und Nachteil der Historie für das Leben* S.269 und 289.

[315] vgl. *Der Wille zur Macht* S.412.

94

schen und religiösen Absichten ist zwar für Nietzsche ein sehr gutes Zeichen, doch wurde sie meist falsch verstanden.[316] Obwohl die Wissenschaft den Glaube an Wille und Zwecke für Illusion halte[317], fordert Nietzsche einen einzig gültigen Zweck: Das Leben soll über die Wissenschaft herrschen.[318] Eine voraussetzungslose Wissenschaft gibt es für Nietzsche nicht, ein Glaube müsse da sein und die Richtung geben.[319]

Auch diese Vorgabe Nietzsches beherzigt Freyer. Der Wissenschaft müsse ein Ziel vorangestellt sein, um fruchtbar zu werden. Die Voraussetzung für einen gesellschaftlichen Nutzen der Soziologie sei, daß beim Soziologen ein bestimmter Wille der Umbildung bestehe. Das praktische Wollen nennt Freyer Politik, die Verwendung als Theorie Soziologie. Nur wer gesellschaftlich etwas wolle, sehe soziologisch etwas. Nur das „wahre Wollen" fundiere „wahre Erkenntnis".

Doch meint er mit diesem Wollen nicht etwa, das Erkannte zu Gunsten einer bestimmten Sache zu interpretieren[320], sondern fordert die Wertfrei-

---

[316] vgl. *Der Wille zur Macht* S.53. Wissenschaftlichkeit und Naturalismus werden dann für Nietzsche zum Ausdruck der „Zuchtlosigkeit des modernen Geistes" (S.60-61).

[317] vgl. *Der Wille zur Macht* S.446.

[318] vgl. *Vom Nutzen und Nachteil der Historie für das Leben* S.330. Historie als Dienst am Leben S.271; vgl. *Der Wille zur Macht* S.343 und 398.

[319] vgl. *Zur Genealogie der Moral* S.400.

[320] für Nietzsche heißt Interpretieren: „Vergewaltigen, Zurechtschieben, Abkürzen, Weglassen, Ausstopfen, Ausdichten, Umfälschen". (*Zur Genealogie der Moral* S.400)

heit. Entscheidungen sollen sich auf geschichtliche Wirklichkeiten beziehen. Es sind die Hypothesen „wahr" und „falsch" zu vergleichen. Denn Werturteile seien nie wissenschaftlich begründbar oder beweisbar. Moralische Werturteile gar sind für Nietzsche „Verurteilungen", „Verneinungen".[321] Für die persönliche Wirklichkeit sieht Freyer im Willen immer einen mitwirkenden Teil. Die Wissenschaft solle auch keinen Prophetenmantel anlegen.[322] Nietzsche sah dagegen in seiner Zeit keine Möglichkeit einer wertfreien Wissenschaft.[323]

Freyers Definition der gesellschaftlichen Teilgruppen lassen sich nur bedingt von Nietzsche herleiten. Freyer will die Auflösung einer naturrechtlich-liberalen zu einer dialektisch geladenen, historisch weiterdrängenden Struktur der geschichtlichen Wirklichkeit Gesellschaft. Herrschaftsgebilde sind dabei der Übergang der Gemeinschaft zur Gesellschaft. Soziale Gebilde mußten demzufolge in „die Dimension der Herrschaft überhöht werden, um geschichtsfähig zu werden."[324] Freyers Schilderung einer Herrschaftsspannung zwischen heterogenen Teilgruppen im

---

[321] *Der Wille zur Macht* S.13.

[322] Obwohl es Freyer in unseren Schriften tut; vgl. auch Üner zu Freyers „Mantel des Propheten" oben S.59.

[323] In *Zur Genealogie der Moral* (S.400) stellt Nietzsche fest, es gebe keine voraussetzungslose Wissenschaft, selbst Wahrheit hieße schon Werten; in *Der Wille zur Macht* (S.16) ist für ihn der Glaube an die Vernunftkategorien dieser „fingierten Welt" die Ursache des Nihilismus. Für Nietzsche gibt es keine Wahrheit (S.314).

[324] S.238.

Sozialgebilde, bewegt sich in Nietzsches Rahmen einer, oben schon angesprochenen, Wissenschaft von den Herrschaftsgebilden.

Erst durch die Situation der Herrschaft in der Gesellschaft würden die seelischen Kräfte aktiviert, die zum Aufbau der sozialen Struktur gebraucht werden. Gemäß Zarathustras Wort „das Beste soll herrschen"[325] zeichnet Freyer die Gesamtwertigkeit der Person des Herrschers, dessen Einfluß aber auch von sozialen Gegebenheiten abhinge. Dasselbe gelte für den Kampf um Herrschaft zwischen den Völkern, die er als die eigentlichen Subjekte der gesellschaftlichen Entwicklung darstellt. Herrschaftsgebilde sind Freyer zufolge von den Beherrschten anerkannt, ihr Existenzgrund liege im „lebendigen Zustimmungswillen der Menschen"[326]. Doch die Freiheit der Lossagung mache die Lebendigkeit der gesellschaftlichen Wirklichkeit aus.

Das Kollektiv ist für Nietzsche „naiver", bei Freyer „primitiver" als das Einzelwesen.[327] Für beide besteht die Gesellschaft aus unterschiedlichen Welten, aufgegliedert in verschiedene Naturen, in denen verschiedene Mythen gelten, in denen es keine allgemeinverbindlichen Ideale gebe, und im Bereich der Ehre und Sitte die gesellschaftliche Kultur ständisch gespalten sei. Das Herr-

---

[325] *Also sprach Zarathustra* S.263.
[326] S.174.
[327] *Der Wille zur Macht* S.484, „...weil der Mensch als Gesellschaft viel naiver ist als der Mensch als ‚Einheit'"; vgl. Freyer S.256.

schaftsverhältnis ist für beide ein Kräfteverhältnis. Dabei bilden heterogene Teile der Gesellschaft in einem Leistungsschema das Gesamtgebilde.

Nietzsche wie Freyer sehen in der Ständegesellschaft das Urbild einer positiven Epoche. Die Stände beschreibt Freyer als geschlossene Verbände. Nur auf ihrem Boden entstehe eine realistische Pädagogik. Denn eine Ständegesellschaft müsse gezüchtet werden, eine wirtschaftliche Sonderstellung reiche nicht. Wer nur auf seinen „Privilegien und Pfründen" sitze, werde bald zusammenstürzen. Nur ständische Gebilde, die auf Leistung beruhen, sind beiden Autoren zufolge von Festigkeit. Jede Gesellschaft brauche die Stände Krieger, Ackerbau und Hüter des Kultes. Das Auslöschen dieser Aristokratie ist für Freyer das Kampfziel der Demokratie. Nietzsche warnt vor einer Mischung der Stände[328] und gibt der Forderung nach einer Gleichheit der Rechte die Schuld am Ständekampf. Die aristokratische Welt schwäche sich selbst, wenn sie sich um das Volk kümmert und dabei seine Vorrechte wegwirft. Für Nietzsche führt nur die Aristokratie zum „höheren Menschen", deshalb will er sie gegen die Sozietät Verteidigen.[329]

Freyers Sozialkritik ist Nietzsches Tonart: der Gute Wille zu einer Sozialform zeige, daß es mit einer Gesellschaft vorbei sei. Für Nietzsche sind Demokratie, Frauengleichberechtigung oder die

---

[328] siehe *Zur Genealogie der Moral* S.378, auch S.371; für Nietzsche gibt es nur den Geburtsadel, den „Geblütsadel" (*Der Wille zur Macht* S.630).
[329] vgl. *Der Wille zur Macht* S.602-603 und 626-629.

Mitleidsreligion Symptome des absinkenden Lebens, absinkender Kraft.[330] Beide verstehen sich als Arzt der Kultur. Wenn Freyer die Lage des soziologischen Denkens mit einem kranken Arzt, der sich selbst beobachtet und den Heilungsprozeß analysiert, vergleicht, erinnert das an den philosophischen Arzt in der *fröhlichen Wissenschaft*, der „dem Problem der Gesamt-Gesundheit von Volk, Zeit, Rasse, Menschheit nachzugehn hat".[331]

Doch dieses gültige Ganze wird laut Freyer erst noch werden. Die Soziologie soll dazu dienen, daß die Bedingungen hierfür erforscht werden. Ein im Werden befindliches Ganzes nennt Nietzsche die Deutschen, die noch nichts seien, aber noch etwas werden würden.[332] Dieses Werden entwickelt sich durch die sozialen Kämpfe, welche sich laut Freyer immer um einen geistigen Sonderbesitz drehen würden. Da die Stände auf ihren egoistischen Selbsterhalt bestünden, seien Kämpfe zwischen den Ständen, im Gegensatz zu Klassenkämpfen, nicht auf Sturz des Systems aus. Die Ständeordnung wolle sich gegenseitig erhalten und verhindere so die Klassenbildung. Die Klassengesellschaft entstehe damit erst in der Epoche der bürgerlichen Revolution. Klassen seien entgegen der Ständeordnung nur ökonomisch zu erfassen. So sind für

---

[330] vgl. *Zur Genealogie der Moral* S.403; *Die Geburt der Tragödie* S.16-17.
[331] *Die fröhliche Wissenschaft* S.349.
[332] *Der Wille zur Macht* S.80-81; vgl. auch Freyers eigene Ausführungen zum Begriff „Werden des Ganzen" in: *Das Volk als werdende Ganzheit* a.a.O. und oben Anm. 352.

Freyer auch ökonomische Gründe die Geburtsstätten der Klassengesellschaft: liberaler Ackerbau, Vertragsfreiheit usw. Hier wird Freyer wieder zum nietzscheanischen Kämpfer gegen seine Zeit: Die Klassengesellschaft wird von der konkreten Soziologie nur als Übergang in eine festere Ordnung verstanden. Freyer ortet die Soziologie an einem antiliberalen Standpunkt, der jenseits der Ideologie der bürgerlichen Gesellschaft steht. Freyer fordert, ein neues Verhältnis zwischen Staat und Gesellschaft zu schaffen. Die „kapitalistischen Widersprüche" müssen durch den Staat ausgeglichen werden. Er sieht im Staatssozialismus, im „gereinigten Staat", das Ziel seiner Politik - einer Politik, die angewandte Soziologie sein soll. Diese Anwendung führt er in *Revolution von rechts* radikal vor.

2.5 Nietzsches Einfluß in Freyers Politik: *Revolution von rechts*

Da *Revolution von rechts* (1931) Freyers bekannteste und auch meistverkaufteste Schrift ist[333] und auch in der heutigen Freyer-Rezeption die größte Aufmerksamkeit erregt, verdient gerade sie im Kontext der Nietzsche-Rezeption besondere Beachtung. *Revolution von rechts* ist sozusagen die politische Konsequenz aus *Prometheus* und *Soziologie als Wirklichkeitswissenschaft*. Hier finden sich

---

[333] vgl. Muller 1987:186.

Freyers „zeitdiagnostische Grundgedanken dieser Jahre"[334].

Die Zuordnung dieser Schrift fällt in der Rezeption recht unterschiedlich aus. Für Papalekas ist sie ein Beitrag zur politischen Philosophie und Soziologie,[335] für Sontheimer eine „Mischung von Volkstheorie und autoritärer Staatsauffassung"[336]. Fetscher nennt den Text „ein halbpoetischer Beitrag zur philosophischen Gegenwartsdeutung"[337]. Marck, der *Revolution von rechts* 1931 in der Internationalen Revue für Sozialismus und Politik rezipiert, sieht Freyer hier in Bezug auf die Begriffe Volk und Staat „in eine unsoziologisch-metaphysische Denkart" abbiegen. Der ansonsten „ernste" und „nicht von Stimmungen beeinflußte" Denker gehe hier „von der Wissenschaft zur Utopie zurück."[338] Nach Muller und Üner ist *Revolution von rechts* allerdings die politische Anwendung von Freyers „Wirklichkeitswissenschaft"[339], als welche sie hier auch gewertet werden soll. In dieser „aktionistischen Schrift" rückt Freyer einen politischen Akzent in den Vordergrund seiner kul-

---

[334] Kruse 1994:28.

[335] vgl. 1980:133.

[336] 1968:211; vgl. auch Üner (1992:125), die in *Revolution von rechts* eine Nähe zu Nietzsches Staatsmodell sieht.

[337] 1980:185.

[338] vgl. Marck, Siegfried: Überfaschismus? Betrachtungen zu H. Freyers „Revolution von rechts". In: Die Gesellschaft 8, 1931, S.412-419 (S.417-418).

[339] vgl. Muller 1987:186; Üner 1992:61 und 63.

tursoziologischen Perspektive.[340] Er kombiniert hier die Analyse von Sozialem und Politik mit Kulturkritik.[341]

Freyers bezieht sich mehrmals kritisch auf Marx und Hegel, erwähnt aber auch hier an keiner Stelle Nietzsche. So sind es auch besonders die marxistischen Elemente, die die Rezensenten dieser Schrift in den Mittelpunkt rücken.[342] Doch ist auch hier schon Freyers Stil ein Hinweis auf den Einfluß, den gerade Nietzsche bei diesem Text ausübt. Für Fetscher tritt Freyer hier mit dem „Gestus des Propheten", als „Verkünder des Neuen", der weniger durch „rationale Argumente" als durch einen „suggestiven Ton faszinieren" will, auf.[343] Nach Muller beabsichtigt Freyer mit beiden Me-

---

[340] vgl. Üner 1992:206 und 113; sie glaubt aber nicht, daß *Revolution von rechts* als Gegenwartsanalyse gewertet wurde, die wissenschaftlich zu diskutieren wäre (vgl. S.61).

[341] vgl. Muller 1987:186.

[342] vgl. Sieferle (1995: 183-192) zu Freyers ‚Programmschrift' und deren Parallele zum Marxismus; vgl. besonders Marcks Rezension von 1931: Die Ausgangspunkte in *Revolution von Rechts* sieht er zwar am marxistischen Weltbilde orientiert (für ihn gehört auch *Soziologie als Wirklichkeitswissenschaft* zum geistigen Typus des „bürgerlichen Marxismus" [S.412]), doch werde daraus „Pseudo-Marxismus", den Marcks als „Überfaschismus", als „echten Intellektuellenfaschismus" bezeichnet (S.415); Fetscher (1980:180) betont Marxs‘ Einfluß in Freyers Habilitationsschrift *Die Bewertung der Wirtschaft im philosophischen Denken des 19. Jahrhunderts.* Im ‚Essay' *Revolution von rechts* sieht er dagegen Freyers „radikale Gegenposition" zum Marxismus; vgl. auch Üner 1992:61 und 127; Muller (1987:186) registriert eine rhetorische Nähe zum *Kommunistischen Manifest.*

[343] 1985:185.

102

thoden zu überzeugen: durch „rationale Argumente" und „literarische Manipulation".[344] Aber nicht nur Freyers „priesterliche" und zugleich „militante" Sprache[345] erinnert an Nietzsche, auch inhaltlich wirkt sich sein Einfluß aus.

Revolution von rechts ist, wie *Prometheus*, eine Kampfschrift. Auch hier zeigt Freyer die Entwicklung der diagnostizierten Krise auf, korrigiert die noch gültigen Werte und entwirft ein Bild der, die natürlichen Bedürfnisse erfüllenden, neuen, aus der Revolution von rechts entstehenden, Zeit. Er sucht immer noch nach denen, die in der Lage sind, diese Revolte zu führen, die Auserlesenen, die der Gegenwart trotzen.

Freyers Kampf gilt der industriellen Gesellschaft, einer Zeit, in der sich die Interessen der Gruppen „gegeneinanderstemmen" und der Staat nur noch zwischen ihnen vermittele. Freyer will „mit den Resten des neunzehnten Jahrhunderts, wo es noch festsitzt, aufräumen und die Geschichte des zwanzigsten freimachen".[346] Für Nietzsche geben die desorganisierenden Prinzipien seinem Zeitalter, dem Zeitalter des Nihilismus, den Charakter. Das 19. Jahrhundert sei zwar animalisch, aber willensschwach.[347]

---

[344] vgl. 1987:194. Für Muller spricht er die Sprache des Bildungsbürgertums (S.204).

[345] vgl. Fetscher 1980:185.

[346] S.5.

[347] vgl. *Der Wille zur Macht* S.54 und 70, vgl. weiter zum 19. Jahrhundert, S.82 und 86-88.

So wie Nietzsche das „christlich-nihilistische Wertmaß" unter jeder Maske bekämpfen will,[348] bekämpft Freyer politische Kräfte seiner Zeit, die zwar dasselbe Ziel wie er verfolgen, aber „die krampfhafte Sprache eines vergangenen Radikalismus" reden und von wahren Revolutionären noch weit entfernt seien. „Ihr Nein steht auf keinem anderen Blatt als das Zeitalter, zu dem es gesagt ist."[349] Freyers Empfehlung, bei den vielen Gegenstimmen dieser Zeit genau hinzuhören, um die „wahrhaft Revolutionären Kräfte" zu erkennen, erinnert an Nietzsches „Erkennungszeichen" des „höheren Typus".[350]

Diese „neuen Elemente" haben sich laut Freyer innerhalb der „alten Gesellschaft" formiert und sollen nun das revolutionäre Potential bilden. Wie die „höheren Menschen" - die „Übermenschen" -, die Nietzsche schon im *Zarathustra* suchte und auch in *Der Wille zur Macht*[351] definierte. Freyers Schilderung dieser neuen Bewegung, die aus der „innersten Sendung des Volkes" schöpft und eine neue Zeit anbrechen läßt, ist die völkische[352] Um-

---

[348] z.B. unter der der Soziologie (*Der Wille zur Macht S.39*).

[349] S.14.

[350] wie im Abschnitt „Der vornehme Mensch" in *Der Wille zur Macht* S.627-636.

[351] siehe z.B. S.589 und der Abschnitt „Der große Mensch" S.641-658.

[352] Breuer (1995:94) will Freyers Formel vom Volk nicht als „völkisch" bezeichnen, da Freyer die genaue Bestimmung des Begriffes Volk ablehnt, es so zum „aktiven Nichts" mache; da sich für Freyer (1931:44) das Prinzip Volk gegen das Prinzip industrielle Gesellschaft nicht theoretisch analysieren läßt, heißt das für Muller: „Freyer claimed, in other words, to offer

104

setzung von Nietzsches Sehnsucht nach dem neuen
Mittag, dem Überwinden des Nihilismus und der
Erschaffung des neuen Menschen. Auch jetzt ist
sich Freyer sicher, daß die Revolution schon im
Gange ist.

Freyers Beschreibung der Revolutionäre, die
dieses neue Prinzip in sich tragen, erinnern an Zarathustras Gefolgsleute, den „tapferen Verächtern
des Angenehmen", die zur „unbedingten Härte und
Wahrheit gegen sich selbst" fähig sind.[353] Auch

---

an ideological and not a social-scientific account of contempo-
rary events."(1987:200) Freyers Analyse der historischen
Veränderungen ist für Muller dagegen wieder ganz soziologisch (vgl. S.202); das „aktive Nichts" Volk bestimmt Freyer
z.B. 1934 in seinem Artikel *Das Volk als werdende Ganzheit*
(in: Ganzheit und Struktur) näher. Hier erklärt er, daß es das
Volk als eigentliche Ganzheit nicht gebe, sondern daß es
immer nur im Werden sei. Dieses Volk ist für Freyer unab-
hängig von Grenzziehungen, deshalb könne man auch nicht
ein Volkstum wählen oder einem angehören wollen. Das
Volkstum sei nämlich „die Quelle, aus der wir herkommen
und die in uns lebendig ist. Es ist ein totaler Zusammenhang,
der durch die seelische Struktur bis zur geistigen Bestimmtheit
unserer Person – hindurchreicht."(S.4) Diese Grundüberzeu-
gung, die Freyer bei Moeller van den Bruck oder Fichte findet,
hatte auch Nietzsche. Auch er ist der Meinung, bezogen auf
das Deutsche Volk, daß es dieses noch gar nicht gebe, sondern
erst im Werden sei. Und Nationen sind für ihn künstliche
Gebilde, die nicht die natürliche Ganzheit des jeweiligen
Volkstums erfassen (vgl. *Menschliches, Allzumenschliches*
S.309-311). Er rechtfertigt eine Volksmystik, denn jedes Volk
brauche solchen „umhüllenden Wahn". (*Vom Nutzen und
Nachteil der Historie für das Leben* S.298)
[353] vgl. *Also sprach Zarathustra* S.99, 150-152, 158, 194, 262
und 350. Besonders in der *Der Wille zur Macht* umschreibt
Nietzsche solche „Emporragenden", den „großen Menschen",

Freyers Revolutionäre lassen sich nicht abfinden, nicht einbauen, sie drängen nach oben, um das Oben aufzuheben. Sie identifizieren sich mit der Zukunft des Ganzen. Sie sind der „rücksichtslose[n] Klarheit über sich selbst"[354] fähig. Wie Nietzsches „starken Mensch" ein „unversehrter und strenger Instinkt" führt[355], so wissen Freyers Revolutionäre instinktiv, was sie im Kampf zu tun haben, doch den geschichtlichen Realismus können sie nur schlecht interpretieren.

Auch Freyer richtet seine Schrift an einen bestimmten Leserkreis, von dem er hofft, er werde seinem Ruf folgen.[356] Er schreibt, als wolle er wie Zarathustra seine Jünger um sich scharen, damit sie das Schicksal der Welt bestimmen. Wie Nietzsche in *Der Wille zur Macht* den Versuch einer „Umwertung aller Werte", so der Untertitel, macht, will Freyer die „Ideen über die gesellschaftliche Wirklichkeit" umschichten: „...alles, was die gegenwärtige Ordnung über sich selbst sagt, denkt, weiß, ist falsch geworden."[357]

Um den Zustand seiner Epoche zu beschreiben, verfällt Freyer wieder wörtlich in Nietzsches Jar-

---

der zum „Herren der Erde" werde (vgl. S.202-203, 209, 581-658 ff.).

[354] S.6.

[355] vgl. *Der Wille zur Macht* S.611.

[356] „It [*Revolution von rechts*] was addressed to Freyer's students in the youth movement, [...] peers in the professoriate and the government bureaucracy; to the writers and editorialists of journals and newspapers that helped to form public opinion." (Muller 1987:204-205)

[357] S.13.

106

gon: so spricht er von der „geduldigen Herde", den Teilen „wo eine Herrschaft entartete, verfaulte oder verrohte", dem „süßen Gift der Décadence", was dem Herrenstand befällt, oder, wie schon in *Prometheus* wörtlich, den revolutionären „Bastarden", von entwurzelten Menschen, Sitten und Geist. Bei Nietzsche ist die Dècadence ein Schlagwort für den Niedergang. Er beklagt die Korruption der Sitten, die Zuchtlosigkeit des modernen Geistes und das Verfaulen der herrschenden Stände.[358] Die Gründe für den Fall des „morschen Baus" der Gesellschaft sehen beide in der Décadence seiner Elite, im Zerbrechen der Ritterlichkeit.[359]

Bei seiner Lokalisierung des revolutionären Potentials im Plebejer folgt Freyer Nietzsche nicht. Für diesen entscheidet sich Schicksal nur in den höchsten Exemplaren eines Volkes und gerade dem „Pöbel" vertraut er nicht.[360]

---

[358] Vgl. *Der Wille zur Macht* S.32, 60 und 503, der Abschnitt über „Die Herde" S.194-203.

[359] Vom allmählichen Zerbrechen der Ritterlichkeit in der Geschichte des Nihilismus schreibt Nietzsche in *Der Wille zur Macht* S.68; das ritterliche Leben, aus dem „ein Schmarotzertum der Hauptstädte" wurde sowie aus der „aristokratischen Selbstgewißheit die Arroganz der geheimen Angst", beschreibt Freyer auf S.8.

[360] Zarathustra will zu den höheren Menschen sprechen, nicht zum Pöbel (vgl. *Also sprach Zarathustra* S.356); auch in *Der Wille zur Macht* äußert sich Nietzsche abwertend über das Volk, die Herde. Man könne das Volk nicht von der Décadence reinigen, das sei die Natur des Lebens, sondern die gesunden Teile müssen geschützt werden (vgl. S.31, auch S.30, 457 und 511).

Was Freyer den „chronischen Zustand" der Revolution in Europa nennt, läßt sich zwar an Nietzsches Nihilismus abzeichnen, doch kritisiert hier Freyer indirekt Nietzsches These, der Nihilismus begründe auf dem „Tot Gottes"[361], wenn er erklärt, man würde die „Wirkung für die Ursache" nehmen, wenn man den „revolutionären Charakter des 19. Jahrhunderts" „aus dem Versiegen seines Glaubens und aus der Dissolution seiner bindenden Ideen erklärt".[362]

Soziale Ungerechtigkeit als Grund der bisherigen, sozialistischen Revolutionen, ist für Freyer zwar nachvollziehbar, doch hält er die Ideologie, den Sozialismus, für falsch. Nietzsche hält nicht nur den Sozialismus, sondern das ganze Freiheitsstreben der „Massen", der „Schlechtweggekommenen", oder der, wie sie Freyer nennt: „unterdrückten Klassen", für ein Zeichen der Dekadenz. „Nicht der Hunger erzeugt Revolutionen, sondern daß das Volk en mangeant Appetit bekommen hat."[363] Die Französische Revolution, die sich Freyer zum Vorbild nimmt, ist für Nietzsche eine „schauerliche und überflüssige Posse", der Beginn des letzten großen „Sklavenaufstandes"[364] – die Fortsetzung des Christentums mit anderen Mitteln[365]. Im Gegensatz zu Nietzsche sucht Freyer nicht die Erlösung von Einzelnen, den „höchsten

---

[361] vgl. *Der Wille zur Macht* S.7 ff.
[362] S.10.
[363] *Der Wille zur Macht* S.151.
[364] *Jenseits von Gut und Böse* S.56, vgl. auch S.67.
[365] vgl. *Der Wille zur Macht* S.68.

108

Exemplaren", sondern von Klassen bzw. dem ganzen Volk. Er läßt keinen Unterschied zwischen den ‚zu befreienden' Menschen erkennen, außer jene, die in diesem Kampf neutral bleiben. Sie sind „Kleinbürger, Privatexistenz, charakterlose Mittelschicht, ungeschichtliches Anhängsel"[366]. Doch Nietzsche kennt keine Gleichheit: gleiche Rechte sind ein Zeichen der Dekadenz.[367] Im Punkte Humanismus folgt Freyer, wie schon im *Prometheus*, Nietzsche nicht. Soziales wird in Freyers Staat selbstverständlich. Wenn bei Nietzsche nur die „höheren Menschen" untereinander keiner Moral bedürfen, überträgt Freyer dieses „Herrendenken" auf das ganze Volk. Freyers Betonung des Sozialen, der Gleichheit, wäre für Nietzsche nur ein „Umweg nach Rom". Gerade Freyers Forderung, der Einzelne dürfe nicht mehr gelten als das Ganze, widerspricht Nietzsches Anspruch eines höheren Menschen.[368]

Auch für Freyer ist der Kampf, das Machtstreben, die treibende gesellschaftliche Kraft, aller-

---

[366] S.12.

[367] vgl. *Also sprach Zarathustra* S.128-131. Zarathustra macht sein Gesetz nur für die seinen, nicht für alle (S.354); *Zur Genealogie der Moral*: Höheres dürfe nicht zum Werkzeug der Niederen werden 371; *Der Wille zur Macht* „Die schreckliche Konsequenz der ‚Gleichheit' - ..."(S.582 ff.)

[368] vgl. *Der Wille zur Macht* S.511-532 über das Individuum; vgl. *Also sprach Zarathustra* S.262-263; in *Vom Nutzen und Nachteil der Historie für das Leben* sieht Nietzsche die Zeit kommen, in der nicht mehr die Masse, sondern der einzelne betrachtet werde. Sein gesellschaftspolitisches Ziel ist nicht ein sozialer Endzustand, sondern die Hervorbringung der „höchsten Exemplare"(S.317).

dings nur, wenn sich einzelne und Stände ihrer Unterdrückung und ihrer Macht bewußt werden. Er spricht von einer Kraft, „die nichts im heutigen System" aber „alles, nämlich die gegenwärtige Zukunft, in der Substanz des Zeitalters"[369] sei. Der Wille aufzusteigen führe sie voran. Eine Eigenschaft, die Nietzsche als „Wille zur Macht" umschreibt.[370]

Die Brutalität von *Prometheus* scheint gezügelt: die Gewalt kann sich jetzt auch als Stimmzettel verkleiden - ein demokratisches Mittel, welches Nietzsche nicht mal in Erwägung zieht.

Wie schon in *Prometheus* anklingt, begreift Freyer das neunzehnte Jahrhundert materialistisch. Alles, selbst die revolutionäre Kraft, sieht er zur Ökonomie werden. Nietzsche nennt es die „Kultur der Handeltreibenden".[371] Die „Industrielle Kultur in ihrer jetzigen Gestalt" ist für Nietzsche die „gemeinste Daseinsform".[372] Die Gesellschaft, als tragendes Ganzes der industriellen Gesellschaft, ist für Freyer wie auch für Nietzsche eine Abstraktion,[373] ein „künstlicher Bau", der Natur wie Mensch ausbeute. Die „fortschrittsgläubige" industrielle

---

[369] S.15.

[370] vgl. *Also sprach Zarathustra* S.146-149 „Von der Selbst-Ueberwindung" - „Wo ich Lebendiges fand, da fand ich den Willen zur Macht"(S.147).

[371] *Morgenröthe* S.155.

[372] *Die fröhliche Wissenschaft* S.67.

[373] "Was von Weibsart ist, was von Knechtsart stammt und sonderlich der Pöbel-Mischmasch: Das will nun Herr werden alles Menschen-Schicksals – oh Ekel! Ekel! Ekel!" *Also sprach Zarathustra* S.358

Gesellschaft, so Freyer, „ist nicht auf gewachsenem Boden gegründet, sondern schwebt frei.“[374] Der Intellekt, die Rationalität werde hier zum Risiko. Freyer sieht die Gefahren, welche Nietzsche vorausahnte: Der Arbeiter wird zur Abstraktion der Maschine. Der Mensch wird zur Masse der industriellen Gesellschaft, zum „Posten in ihrer Rechnung: Konsument und Arbeitskraft.“[375] Das System „hat die Werte in Waren, die Menschen in Arbeitskräfte, das Leben in Wirtschaft verwandelt.“[376] Auch für Nietzsche ist der Arbeiter nur noch ein Werkzeug[377], der Mensch durch „Maschinentugenden“[378] nutzbar gemacht.

Selbst die Wissenschaft, die Freyer schon in den vorangegangenen Texten kritisiert, begreift er hier politisch: als Hilfsmittel der industriellen Gesellschaft. Bildung diene nur noch als Instrument der Eingliederung in die industrielle Gesellschaft. Ein Standpunkt, der auch bei Nietzsche zu finden ist. Er verhöhnt die Weisen, die sich von den Mächtigen vor die „Karre des Volkes spannen“ lassen.[379] Der Gelehrte ist für ihn ein „Herdentier“, das auf Befehl forscht.[380] Er sieht in der „Überwa-

---

[374] S.20.

[375] S.47.

[376] S.48, vgl. auch S.22.

[377] *Morgenröthe* „Der unmöglicher Stand“ S.183-185.

[378] *Der Wille zur Macht* S.603; weitere Anmerkungen Nietzsches zur Lohnarbeit siehe auch *Die Fröhliche Wissenschaft* S.408.

[379] vgl. *Also sprach Zarathustra* „Von den berühmten Weisen.“ S.132-135 und S.160.

[380] *Der Wille zur Macht* S.286.

chung der Bildungselemente" eine Maßnahme, um der Gesellschaft eine gemeinsame Regulierung und Wertung möglich zu machen – einen „Grad von *Dummheit*".[381]

Für Nietzsche ist der Arbeiter zum modernen Sklaven geworden.[382] Auch Freyer spricht von neuer Sklaverei: Kapital wird anonym, der Besitz wird an der Börse gehandelt. Volk und Staat werde im Menschen neutralisiert.[383] Die Globalisierung ist für Freyer ein Prinzip des industriellen Systems. In dieser „unvermeidlich bevorstehenden Wirt-schafts-Gesamt-verwaltung der Erde", sagt Nietz-sche, könne die „Menschheit als Maschinerie in deren Diensten ihren besten Sinn finden".[384] Nietz-sche empfiehlt allerdings nicht den Aufstand der Arbeiter, sondern deren Auswandern: „Sie sollten ein Zeitalter des großen Ausschwärmens im euro-päischen Bienenstocke heraufführen", um so gegen Maschine und Kapital zu protestieren, und gegen die Wahl „entweder Sclave des Staates oder Sclave einer Umsturz-Partei werden zu m ü s s e n ."[385]

Auch der Staat wurde laut Freyer zum „Büttel der Wirtschaft" – liberal. Liberal nennt Nietzsche den Instinkt der Großfinanciers gegen alles Extre-

---

[381] *Der Wille zur Macht* S.488.

[382] vgl. *Menschliches, Allzumenschliches* „Sclaven und Arbei-ter" S.296.

[383] Der „freie Kapitalismus" mache den Arbeiter so zum Skla-ven (S.28-29).

[384] *Der Wille zur Macht* S.590.

[385] *Morgenröthe* S.185. Nietzsche will sich nicht für die Arbei-terschaft einsetzen, äußert sich eher abfällig über sie (z.B. in *Der Wille zur Macht* S.505-507).

112

me. Diese können weder Revolutionen noch Sozialismus oder Militarismus brauchen.[386]

Doch für Freyer erwacht das Volk gerade durch die industrielle Gesellschaft. Das 19. Jahrhundert liquidiere sich selbst. Auch Nietzsche sah in dem vermeintlichen Niedergang die Chance für den Aufstieg: in der zunehmenden Verkleinerung des Menschen sieht er die treibende Kraft zur „Züchtung einer stärkeren Rasse". Der Wert der Krisis ist für Nietzsche, daß sie reinigt, daß sie „verwandte Elemente zusammendrängt", daß sie Aufgaben zuweist, jenseits aller bestehenden Gesellschaftsordnung.[387] So glaub auch Freyer, daß sich durch die fortschreitende Industrialisierung ein „neues Subjekt der Geschichte" bilden und reifen würde. Auch Nietzsches Gegner, das Christentum, ebnete mit seiner selbst geförderten Wahrhaftigkeit den Weg zu seiner eigenen Vernichtung.[388] Für Freyer ist die, in der industriellen Gesellschaft produzierten und geförderten, „Emanzipation des Menschen" zugleich ihr Untergang, der „Zündstoff des Proletariats". Doch sieht er die sozialrevolutionäre Energie durch verschiedene taktische Manöver der

---

[386] Und wenn sie zeigen, was alles in ihrer Hand stehe, erregen sie Furcht gegen andere extreme Richtungen. Ihr Instinkt sei dabei immer konservativ und mittelmäßig (vgl. *Der Wille zur Macht* S.587-588); in *Die fröhliche Wissenschaft* S.610 sehnt sich Nietzsche nach Napoleon, der wieder den Mann in Europa zum Herr über den Kaufmann und Philister machte.

[387] *Der Wille zur Macht* S.608 und 48, S.176: „die Sprache der selektiven Natur".

[388] vgl. *Zur Genealogie der Moral* S.409; *Der Wille zur Macht* S.11

industriellen Gesellschaft gehemmt: durch den Kommunismus[389], den sozialen Fortschritt, durch die Versachlichung und Politisierung des Christlichen und durch Demokratie, die nur den Anschein erwecke, man könne durch sie etwas ändern, und so Kräfte neutralisiere. Die Interessenvertretungen, wie die Gewerkschaften, haben sich in Freyers Augen zum Partner der industriellen Gesellschaft gemacht, sind Instrumente der Herrschenden, um die Arbeiter für die industrielle Gesellschaft zu gewinnen. Doch diese Sorge um das Proletariat findet sich bei Nietzsche nicht. Er äußert sich zwar auch Kritisch gegenüber dem „Mißbrauch" des Sozialen, doch ist für ihn eine Emanzipation des Proletariats lediglich der Versuch der „Schlechtweggekommenen", zur Macht zu gelangen. Nietzsche sieht im Sozialismus (für ihn nur eine Abart des Christentums aus naiven Rattenfängern mit Haß auf die Rangordnung) eine hoffnungslose Sache und er prophezeit, daß es im nächsten Jahrhundert „hie und da" gründlich im Leibe „rumoren" wird. Er hofft, daß in einem großen Versuch bewiesen werde, daß im Sozialismus das Leben sich selbst verneine und sich die Wurzeln abschneide.[390]

---

[389] der für Freyer nur ein „Gespenst" ist, aber nicht die Revolution. (S.24, 43). Er biete aber das „Rohmaterial" für die „echte" (S.25), die sich hinter dem Rücken des Proletariats formiere (S.42).

[390] vgl. *Der Wille zur Macht* S. 90-92 ferner S.29, 39, 504, 509, 522 und 592; *Morgenröthe* S.184.

Doch auch für Freyer ist die unterdrückte Gesellschaftsklasse nicht der Träger der Revolution. Auch er definiert, angelehnt an Nietzsches Mystik vom Übermenschen, eine übergeordnete Kraft, den Gegenspieler der industriellen Gesellschaft: das Volk, das als ein neuer Tag erwache. Ein Erwachen, das Nietzsche im *Zarathustra* verkündet und Freyer schon im *Prometheus* ersehnte.

Aber das Volk ist für Freyer nicht das, was das 19. Jahrhundert daraus machte: „Es ist beinahe eine Kühnheit vom Volke zu sprechen: die Kühnheit des Glaubens, daß sich dieses Wesen Volk noch einmal in einem revolutionären Feuer reinigen wird, so daß er ganz hart und neu wird."[391] Und der Begriff der Nation ist für Freyer eine „Lüge der industriellen Gesellschaft". Nation ist für Freyer der Ausdruck des Bürgertums, schließlich auch der integrierten Arbeiterschaft. So kritisiert er auch den Nationalstaat, die eigensinnigen Grenzen einer industriellen Gesellschaft, sie seien das Gegenteil von Leben, - Lebensraum für das Volk solle er sein. Auch für Nietzsche ist der „künstliche Nationalismus" eine Gefahr, da er nicht dem Interesse der Völker, sondern vor allem auch „bestimmter Classen des Handels" diene.[392] Das Volk dagegen sei Auslese und kategorischer Imperativ.

---

[391] S.50.

[392] vgl. *Menschliches, Allzumenschliches* S.309-311 „Der europäische Mensch und die Vernichtung der Nationen"; *Die fröhliche Wissenschaft* S.630; *Der Wille zur Macht* S.8 und 502.

Doch hier ist für Freyer der Ständestaat, noch in *Soziologie als Wirklichkeitswissenschaft* idealisiert und Nietzsches Aristokratie am nächsten, ein vergangenes Schema, welches man nicht in die Zukunft projizieren könne. Er will ein neues Prinzip, und dieses müsse „Stoßkraft" bleiben, darf sich nicht in das System einbauen lassen. Aber nicht als Partei: Freyer glaubt auch nicht, daß eine Partei den Zustand ändern könne. Jede Partei, die die Sache des Volkes zu vertreten behauptet, lügt. Die Demokraten würden ohnehin das jeweilige System anerkennen. Eine Abneigung gegen Parteien findet sich ebenso bei Nietzsche, auch er wittert Verrat und Lüge bei den Parteien.[393]

Freyer will den Staat emanzipieren, nicht nur den alten Staat neu besetzen, sondern ihn ganz erneuern, von innen umstülpen - das Volk soll zum Staat werden, es erwache in ihm. Jetzt sei der Staat nur Spielball der Interessengruppen. Ein sei Hilfslösung und Instrument, Verwaltungs- und Sicherheitsapparat, die Summe aller Unpolitischen - das Staatsoberhaupt nur ein Verhandlungsleiter. Für Nietzsche ist der Staat ein Lügner, mit einem Übergewicht an Händlern und Zwischenpersonen.[394] Die Demokratie seiner Zeit ist für Freyer

---

[393] vgl. *Menschliches, Allzumenschliches* besonders S.283-286 und 314.

[394] vgl. *Der Wille zur Macht* S.59.

„Vorbau" und „Lüge". Für Nietzsche eine Gesellschaft im Niedergang.[395]

Die moderne Demokratie ist für Nietzsche „die historische Form von V e r f a l l   d e s   S t a a t e s ."[396] Auch Freyer bezieht sich in seiner Kritik auf die moderne Demokratie und definiert sie neu: als „bewußt gewordenes und geschichtlich handelndes Volk."[397] Hier sieht er die Verwirklichung der Freiheit. Sein Zusatz „ganz ohne Hegelei"[398] spielt auf Nietzsche an, der Hegel die Absicht, ein „moralisches Reich" zu fördern unterstellt.[399]

Freyers Anmerkung, man könne auch ohne Ressentiment revolutionär sein, brauche kein Nihilist zu sein, um radikal zu sein, scheint sich direkt auf Nietzsche zu beziehen. Doch offeriert er ihm auch eine versteckte Hommage, als wolle er Nietzsches Kampf, den er in seinen Texten über ihn beschreibt, fortführen: „Noch vor einem Menschenalter waren solche Menschen [solche Revolutionäre] auf isolierte Existenz, auf ein heimliches Verstehen untereinander und auf das ehrenvolle, aber negative Werk der Kulturkritik angewiesen."[400] Heute seien sie der Typus, der gelte, die Zukunft des Ganzen. Von dieser Hoffnung war Freyers Soziologie dieser Zeit geprägt.

---

[395] *Der Wille zur Macht* S.490; *Also sprach Zarathustra* S.125, er beklagt, die Herrschenden würden mit dem Gesindel um Macht schachern.
[396] *Menschliches, Allzumenschliches* S.306.
[397] S.63.
[398] S.69.
[399] vgl. *Der Wille zur Macht* S.282.
[400] S.72.

2.6 Zusammenfassende Bewertung

Auch in der Analyse von Nietzsches Einfluß auf Freyers Soziologie wird, wie schon beim Kapitel Nietzsche-Max Weber deutlich wurde, die Schwierigkeit offenbar, zwischen einem Einfluß Nietzsches und bloßen Parallelen zwischen beiden zu unterscheiden. Hier Freyer nur vor der Folie Nietzsche zu betrachten, schließt deshalb nicht aus, daß Parallelen auch zu anderen Autoren festzustellen wären. Die Übereinstimmung mit Nietzsche ist jedoch schon beachtlich.

Nietzsches Einfluß auf Freyer wird in der Literatur mit der konservativen Revolution in Verbindung gebracht. Freyer ist einer von vielen Autoren der Weimarer Zeit, die Nietzsches Einfluß erlagen. So stammen auch die meisten Schriften Freyers, die mit Nietzsche in Verbindung gebracht werden, aus dieser Zeit. Besonders Freyers Stil läßt die Nähe zu Nietzsche deutlich werden. Ein direkter Einfluß auf Freyers Soziologie wird in der Rezension allerdings nur am Rande behandelt. Festgestellt wurde hier sein Bestreben, wie Nietzsche ein neues Bild der Soziologie zu entwerfen. Auch Freyers Kritik an der Zivilisation und ihren Institutionen und seine Vorstellungen von einem neuen Staat sind von Nietzsche geprägt.

So wenig direkte Hinweise Freyer in seinen soziologischen und philosophischen Texten auf Nietzsche auch gibt, seine Artikel über ihn klingen wie ein Bekenntnis zu Nietzsche. Nietzsche war für Freyer ein Revolutionär. Er verstand ihn als den unzeitgemäßen Vorkämpfer, der radikal mit den Lügen seiner Epoche ins Gericht geht und das Idealbild einer Gesellschaft entwirft, die bei den alten Griechen ihr Vorbild hat. Freyers Abhandlungen über Nietzsche hat er erst nach den hier behandelten Haupttexten, in denen er Nietzsche nie erwähnt, geschrieben. Da nicht unterstellt werden soll, daß er sich ab 1936 nur der Fülle der Nietzsche-Rezensionen anschließen wollte, liegt die Vermutung nahe, daß er in dieser Zeit des gesellschaftlichen Umschwungs selbst seine revolutionäre Phase begründen wollte. Freyers Nietzsche-Interpretationen in der NS-Zeit als Regimekritik deuten zu wollen, schlägt nach Analyse der Originaltexte allerdings fehl. Freyer wollte Nietzsche nicht nur zu einem Vordenker der „völkischen Revolution" machen, zu einem „Kämpfer für Deutschland", er lehnte auch seinen eigenen Begriff von Volk und damit seine „Volkswissenschaft" an Nietzsches Vorgaben an.

In der Weimarer Zeit wollte Freyer wie Nietzsche den Kampf gegen sein Zeitalter aufnehmen und als Vordenker einer neuen Zeit fungieren. Dieser Wille durchzieht sämtliche Themen, die Freyer in seinen frühen Texten behandelt. Doch fehlte ihm hierzu letztenendes Nietzsches Konsequenz. Freyer distanziert sich von Forderungen Nietzsches, wenn er diese für maßlos hält, wenn sie seiner eigenen Moral widersprechen.

Freyer definiert wie Nietzsche seine Begriffe neu, will sich ganz vom Zeitgeist lösen – alles umwerten. Doch halten sich seine verbalen Attacken gegen das System oft so allgemein, daß vieles unklar bleibt.

In *Prometheus* fordert er zwar den Umsturz, was er in *Soziologie als Wirklichkeitswissenschaft* gesellschaftstheoretisch untermauert und in *Revolution von rechts* zur konkreten politischen Forderung macht, doch geht seine Umwertung nicht so weit wie die Nietzsches. Das Soziale ist ihm wichtig, Moral und Christentum keine Gegner. Entgegen Nietzsches Abneigung gegen Humanismus und Gleichheit fordert Freyer Menschlichkeit und Gerechtigkeit. Wo Nietzsche die Aristokratie will, genügt Freyer die Führerdemokratie. Beide verehren die Natur, doch hat ihn Nietzsche nicht davon überzeugen können, daß die Natur keine Solidarität kenne. Der Kapitalismus ist zwar für beide ein Problem, doch weicht Freyer mit seinem Gedanken eines Staatssozialismus von Nietzsche ab - dieser kümmert sich nicht um das Wohl der Arbeiter. Freyer glorifiziert Volk und Gemeinschaft. Die scharfe Unterscheidung Nietzsches zwischen Herde und Adel kennt er nicht. Zwar redet auch Freyer von Auswahl und Rangordnung, doch fordert er gleichzeitig die Befreiung des Proletariats und lehnt Bevorrechtigte ab. Die Revolution, die sich Freyer erhofft, beschreibt er zwar ebenso mystisch und pathetisch wie Nietzsche, doch denkt er an einen Massenaufstand, eine Abkehr aller vom herrschenden System. Nietzsche dagegen spricht nur von einer Kaste, den Übermenschen, die sich die Gesellschaft zum Werkzeug machen, ohne Rücksicht auf den "Heerdeninstinkt". Hier hat Freyer nur die „Befreiungsmystik" Nietzsches von den Mißständen der Gesellschaft übernommen, nicht aber den Blickwinkel des „Herrenmenschen".

Die sozialistische Revolution ist für beide nur eine Farce. Doch im Gegensatz zu Nietzsche, der sich nicht um den „Pöbel" schert, will Freyer noch weitergehen als die sozialistischen Vorkämpfer. Dieses hohe Ziel macht er schließlich auch zum Leitsatz für die Gesellschaftswissenschaft, die er nur im Kontext einer solchen Zielgerichtetheit verstanden wissen will. Nietzsches Kritik am Positivismus und der Empirie findet sich bei Freyer wieder. Auch er versteht Objektivität und Wertfreiheit immer vor dem Hintergrund des Nutzens einer Wissenschaft. Auch er will keine bloße Denkmaschine sein, er will in die Zukunft wirken. Den Soziologiebegriff hat Freyer von Nietzsche übernommen: aus der Krise entstanden, um zu helfen, die Krise zu überwinden – doch dazu muß sie in eine Theorie von den Herrschaftsgebilden umgeprägt werden. Seine Texte versuchen dies auf dieselbe provokante Weise wie die von Nietzsche. Beide sind schließlich an ihrem Werk, an ihren „maßlosen Forderungen", die Freyer Nietzsche noch vor 1945 nachsagte, gescheitert. In seinem letzten Text über Nietzsche nimmt er dies verbittert zur Kenntnis.

3. Der unterschiedliche Einfluß
   Nietzsches auf Weber und Freyer

Max Weber und Hans Freyer haben Friedrich
Nietzsche selektiv wahrgenommen. Beide versuchten seine Anti-Soziologie als Herausforderung zu begreifen. Beide versuchten Nietzsches Einfluß durch wenig Hinweise auf ihre Quellen zu verbergen.

Die Unterschiede zwischen Freyer und Weber sieht Muller nicht nur in ihrem Temperament und ihrer Generation, sondern in ihrem Verständnis von Nietzsche. So ist für Muller Max Weber ein „post-Nietzschean Kantian" und Freyer ein „post-Nietzschean Hegelian". Beide wurden von Nietzsche in ihrer Feststellung geleitet, daß das Individuum die Wahl der Werte nicht rational vornehme.[401]

Gegen Max Webers sozialonthologischen Individualismus bevorzugte Freyer eine makrosoziologische Definition, d. h. individuelle Wertentscheidung immer in größere strukturelle Zusammenhänge zu sehen.[402] Hier ist Nietzsches Individualismus bei Max Weber deutlicher als bei Freyer, der immer vor dem Hintergrund einer Volksgemeinschaft argumentiert.

Freyer selbst sieht Max Webers System als einziges auf konkrete Soziologie gerichtet. Sie ist für Freyer das „große Gegenbeispiel gegen die typisch

---

[401] vgl. Muller S.174.
[402] vgl. Üner 1998:394.

liberale Auffassung",[403] womit er auch den Nietzsche-Weber Rezipienten Recht gibt, die Max Weber wegen Nietzsches Einfluß nicht liberal nennen
wollen.

Doch kritisiert Freyer Webers Formalismus,
wie z. B. beim Begriff Stand. Er sieht Max Webers
„Thesengebäude" über „die Wertfreiheit der Sozialwissenschaften" auf „geschichtsphilosophischen
und auf ethischen Grundlagen" ruhen.[404] Er weiß,
daß Max Weber auf den Prophetenmantel in den
Wissenschaften verzichtete und definiert seine
Auffassung von Wertfreiheit auch anders als die,
die er bei Max Weber sieht. Max Webers Forderung, einer von Willenszielen abgelösten Wissenschaft, widerspricht Freyer mit dem „kühnen Begriff des ‚wahren Willens'"[405]. Hier läßt er sich von
Nietzsches Einfluß leiten, die Wissenschaft in den
Dienst einer Sache zu stellen. Max Webers Distanz
zu dieser Flucht in den Mythos scheidet auch Max
Weber von Freyer.

In dieser unterschiedlichen Verarbeitung des
nietzscheanischen Wahrheitspostulates liegt der
zentrale Unterschied von Nietzsches Einfluß auf
Weber und Freyer. Einig sind sich beide in ihrer
Ablehnung von Nietzsches Verachtung der Masse.
Doch während Freyer sich ganz der Gemeinschaft,
dem Volk, verschreibt, richtet sich Max Webers
Interesse auf das Individuum und folgt hier Nietz-

---

[403] *Soziologie als Wirklichkeitswissenschaft* S.158.
[404] ebd. S.209.
[405] ebd. S.309.

124

sches Postulat, den Einzelnen und nicht die Herde zu betrachten. Dagegen läßt sich Freyer von Nietzsches ,biologischen Verbrämungen‘, wie Max Weber sie nannte, inspirieren. Blut und Rasse sind für Freyer Themen, die er bei Nietzsche findet, nicht aber bei Max Weber. Nietzsches Kritik des Kapitalismus führt Freyer zum Staatssozialismus, Max Weber bleibt dagegen auf Distanz zu einer sozialistischen Wirtschaftsordnung.

Hat Max Weber Nietzsche als jemand wahrgenommen, der ihm bei der Rationalisierung seines Denkens und beim Gewinnen einer schlichen Distanz zur Analyse der gesellschaftlichen Prozesse half, wirkte sich sein Einfluß auf Freyer als Triebkraft zur Umgestaltung, zur Rebellion gegen die (industrielle) Gesellschaft aus. Obwohl Freyer, im Gegensatz zu Max Weber, nicht politisch organisiert war, gingen seine politischen Forderungen doch viel weiter - so verstand er auch seine Soziologie. Nietzsches Einfluß führte Freyer dazu, Wollen und Wirklichkeitswissenschaft zu verknüpfen. Max Weber vertrat hingegen die intellektuelle Rechtschaffenheit.

Schlußwort

Wie sich zeigte, ist Nietzsches Einfluß auf die Gründerväter der Soziologie nicht von der Hand zu weisen. Auch andere Soziologen um den Kreis von Max Weber und Hans Freyer haben Friedrich Nietzsche gelesen oder sind durch das Studium von Soziologen wie Weber oder Freyer auf irgendeine Weise auch von Nietzsche beeinflußt. Das soll nicht heißen, daß sie alle Nietzscheaner waren, aber doch zumindest Gedanken von ihm weitertrugen.

Bei der Betrachtung des Einflusses Nietzsches auf die Soziologie ist außerdem nicht zu vergessen, daß, um mit Freyer zu reden, auch diese Analyse historisch, d.h. vor dem Hintergrund ihrer jeweiligen Epoche, zu betrachten ist. Einen Einfluß Nietzsches auf die heutige Soziologie, besonders was für sein Verständnis der Demokratie, seine Vorstellung vom Staat oder seine Ablehnung des Humanismus gilt, ist in dieser Deutlichkeit nicht mehr zu finden. Begriffe wie Züchtung, Rasse oder Rangordnung haben heute keinen Platz mehr in den Sozialwissenschaften. Freyer war folglich nach 1945, so wie auch kurzfristig Nietzsche, als Wegbereiter des Krieges verpönt. Max Weber ist bis heute angesehen, hat sich Nietzsches Einfluß auf ihn auch nicht in einer Revolution entladen. Weber wußte Nietzsches positive Aspekte zu nutzen. Hier liegt dann auch die Möglichkeiten der heutigen Soziologie, Nietzsche fruchtbar zu machen: den kritischen Blick auf das Zeitalter, seine Moral und

Werte zu gewinnen, aus dieser Unzeitgemäßheit neue Wege in die Zukunft der Gesellschaft zu finden und sich von keinen erkenntnistheoretischen Dogmen den Blick fürs Wesentliche nehmen zu lassen.

Wenigstens einen Aspekt Nietzsches sollte auch die heutigen Soziologen beeinflussen: die Forderung, daß Wissenschaft dem Leben dienen soll.

Literatur

Aschheim, St. E.: Nietzsche und die Deutschen: Karriere eines Kults. Stuttgart; Weimar: Metzler 1996.

Bäumler, Alfred: Das Leben Friedrich Nietzsches. In: Nietzsche, Friedrich: Der Wille zur Macht: Versuch einer Umwertung aller Werte. 12. Aufl. Stuttgart: 1980.

Baier, H.: Die Gesellschaft – Ein langer Schatten des toten Gottes. Friedrich Nietzsche und die Entstehung der Soziologie aus dem Geist der Décadence. In: Müller-Lauter, W. und Gerhardt, V. (Hrsg.): Nietzsche-Studien Bd. 10/11. Berlin: New York: Walter de Gruyter 1981/82, S.6-33.

Baumgarten, Eduard: Max Weber. Werk und Person. Tübigen: J.C.B. Mohr 1964.

Bernsdorf, Wilhelm: Max Weber. In: Bernsdorf, Wilhelm und Knospe, Horst (Hrsg.): Internationales Soziologenlexikon. Bd. 1. 2. Neuüberarbeitete Auflage. Stuttgart: Enke 1980, S.485-493.

Brede, Werner: Institutionen von rechts gesehen: Arnold Gehlen. In: Corino, Karl (Hrsg.): Intellektuelle im Bann des Nationalsozialismus. Hamburg: Hoffmann und Campe 1980, S.95-106.

Breuer, Stefan: Anatomie der Konservativen Revolution. 2. Aufl. Darmstadt: Wissenschaftliche Buchgesellschaft 1995.

Eden, R.: Max Weber und Friedrich Nietzsche
    oder: Haben sich die Sozialwissenschaften
    wirklich von Historismus befreit? In: Mo-
    mmsen, W.J. und Schwentker (Hrsg.): Max
    Weber und seine Zeitgenossen. Göttingen;
    Zürich: Vandenhoeck und Ruprecht 1988,
    S.557-579.

Fetscher, Iring: Hans Freyer: Von der Soziologie
    als Kulturwissenschaft zum Angebot an den
    Faschismus. In: Corino, Karl (Hrsg.): Intel-
    lektuelle im Bann des Nationalsozialismus.
    Hamburg: Hoffmann und Campe 1980,
    S.180-192.

Figl, J. (Hrsg.): Von Nietzsche zu Freud. Wien:
    WUV-Univ.-Verl. 1996.

Freyer, Hans: Prometheus. Ideen zur Philosophie
    der Kultur. Jena: Eugen Diederichs Verlag
    1923.

Freyer, Hans: Soziologie als Wirklichkeitswissen-
    schaft. Leipzig; Berlin: B.G. Teubner 1930.

Freyer, Hans: Einleitung in die Soziologie.
    Leipzig: Quelle und Meyer 1931.

Freyer, Hans: Revolution von rechts. Jena: Eugen
    Diederichs Verlag 1931.

Freyer, Hans: Das Volk als werdende Ganzheit. In:
    Ganzheit und Struktur. Festschrift zum 60.
    Geburtstag von Felix Krueger, 3. Heft: Geis-
    tige Strukturen. Neue psychologische Stu-
    dien, 12.Jg., H.3, 1934, S.1-8.

Freyer, Hans: Pallas Athene. Ethik des politischen
    Volkes. Jena: Eugen Diederichs Verlag
    1935.

Freyer, Hans: Das Politische als Problem der Philosophie (1935). In: Üner, Elfriede (Hrsg.): Herrschaft, Planung und Technik. Weinheim: VCH, Acta Humaniora 1987.

Freyer, Hans: Friedrich Nietzsche 1844-1900. In: Willy, Andreas und Scholz, Wilhelm (Hrsg.): Die großen Deutschen – Neue deutsche Biographie. 4. Bd. Berlin: Prophläen Verlag 1936, S.39-60.

Freyer, Hans: Nachwort zu: Friedrich Nietzsche: Vom Nutzen und Nachteil der Historie für das Leben. Leipzig: Insel Verlag 1937, S. 89-95.

Freyer, Hans: Nietzsche und das Deutschtum. In: Südostdeutsche Rundschau (Budapest), 1. Jg., Heft 9, 1942, S.654-659.

Freyer, Hans: Nietzsche, der Verneiner. Zum 50. Todestag am 25. August. In: Kieler Nachrichten, Nr. 198 vom 25.08.1950, S.6.

Freyer, Hans: Die weltgeschichtliche Bedeutung des 19. Jahrhunderts. (Kieler Universitätsreden, Heft 4) Kiel: Kommissinsverlag Lipsius und Tischer 1951.

Freyer, Hans: Die Vollendbarkeit der Geschichte (1955). In: Üner, Elfriede (Hrsg.): Herrschaft, Planung und Technik. Weinheim: VCH, Acta Humaniora 1987.

Germer, Andrea: Wissenschaft und Leben. Max Webers Antwort auf eine Frage Friedrichs Nietzsches. Göttingen: Vandenhoeck und Ruprecht 1994.

Heidegger, Martin: Gesamtausgabe. II. Abteilung: Vorlesungen 1919-1944. Band 50. 1. Nietzsches Metaphysik. 2. Einleitung in die Philosophie Denken und Dichten. Frankfurt am Main: Vittorio Klostermann 1990.

Hennis, Wilhelm: Der Typus Mensch und sein Verhängnis. Nietzsches Genius im Werk Max Webers. In: Frankfurter Allgemeine Zeitung Nr. 284 vom 7.12.1985.

Hennis, Wilhelm: Max Webers Fragestellung: Studien zur Biographie des Werks. Tübingen: Mohr 1987.

Hennis, Wilhelm: Eine „Wissenschaft vom Menschen". Max Weber und die deutsche Nationalökonomie der Historischen Schule. In: Mommsen, W.J. und Schwentker (Hrsg.): Max Weber und seine Zeitgenossen. Göttingen; Zürich: Vandenhoeck und Ruprecht 1988, S.41-83.

Hennis, Wilhelm.: Max Webers Wissenschaft von Menschen: neue Studien zur Biographie des Werks. Tübingen: Mohr 1996.

Köhler, Joachim: Zarathustras Geheimnis. Friedrich Nietzsche und seine verschlüsselte Botschaft. Reinbeck bei Hamburg: Rohwohlt 1992.

Kruse, Volker: Historisch-soziologisch Zeitdiagnosen in Westdeutschland nach 1945: Eduard Heimann, Alfred von Martin, Hans Freyer. Frankfurt am Main: Suhrkamp 1994.

Lichtblau, Klaus: Kulturkrise und Soziologie und die Jahrhundertwende: zur Genealogie der

Kultursoziologie in Deutschland. Frankfurt am Main: Suhrkamp 1996.

Löwith, Karl: Friedrich Nietzsche 1844-1900. In: Heimpel, Hermann; Heuss, Theodor; Reifenberg, Bruno (Hrsg.): Die großen Deutschen. Deutsche Biographie. 3. Band. Berlin: Ullstein 1956.

Malorny, Heinz: Zur Philosophie Friedrich Nietzsches. Berlin, DDR: Akademieverlag 1989.

Marck, Siegfried: Überfaschismus? Betrachtungen zu H. Freyers „Revolution von rechts". In: Die Gesellschaft 8, 1931, S.412-419.

Mitzman, A.: Persönlichkeitskonflikt und weltanschauliche Alternativen bei Werner Sombart und Max Weber. In: Mommsen, Wolfgang J. und Schwentker, Wolfgang (Hrsg.): Max Weber und seine Zeitgenossen. Göttingen; Zürich: Vandenhoeck und Ruprecht 1988, S.137-146.

Mommsen, Wolfgang: Max Weber. Gesellschaft, Politik und Geschichte. Frankfurt am Main: Suhrkamp 1974.

Mommsen, Wolfgang: Einleitung. Zu: ders. und Schwentker, Wolfgang (Hrsg.): Max Weber und seine Zeitgenossen. Göttingen; Zürich: Vandenhoeck und Ruprecht 1988, S.11-38.

Montinari, Mazzino: Chronik zu Nietzsches Leben. In: Friedrich Nietzsche: Sämtliche Werke. Kritische Studienausgabe (KSA) Band 15. Herausgegeben von Colli, Giorgio und Montinari, Mazzino. Berlin; New York: Walter de Gruyter 1988, S.7-212.

Muller, Jerry Z.: The Other God That Failed. Hans Freyer and the Deradicalization of German Conservatism. Princeton, New Jersey: Princeton University Press 1987.

Nietzsche, Friedrich:

- Unzeitgemäße Betrachtungen I: David Strauss der Bekenner und der Schriftsteller. In: Friedrich Nietzsche: Sämtliche Werke. Kritische Studienausgabe (KSA) Band 1. Herausgegeben von Colli, Giorgio und Montinari, Mazzino. Berlin; New York: Walter de Gruyter 1988.

- Unzeitgemäße Betrachtungen II: Vom Nutzen und Nachteil der Historie für das Leben. KSA 1.

- Menschliches, Allzumenschliches I und II. KSA 2.

- Morgenröthe. KSA 3.

- Die fröhliche Wissenschaft. KSA 3.

- Also sprach Zarathustra. KSA 4.

- Zur Genealogie der Moral. KSA 5.

Nietzsche, Friedrich: Der Wille zur Macht. 13. Aufl. Stuttgart: Kröner 1996.

Nolte, Ernst: Nietzsche und der Nietzscheanismus. Frankfurt am Main: Propyläen 1990.

Ottmann, H.: Philosophie und Politik bei Nietzsche. Berlin; New York: Walter de Gruyter 1987.

Papalekas, J.C.: Hans Freyer. In: Bernsdorf, Wilhelm und Knospe Horst (Hrsg.): Internationales Soziologielexikon. Bd. 1, 2. Neuüberarbeitete Auflage. Stuttgart: Enke 1980, S.131-133.

Peukert, D.J.K.: Max Webers Diagnose der Moderne. Göttingen: Vandenhoeck und Ruprecht 1989.

Schwentker, W.: Leidenschaft als Lebensform. Erotik und Moral bei Max Weber und im Kreis um Otto Gross. In: Mommsen, W.J. und Schwentker (Hrsg.): Max Weber und seine Zeitgenossen. Göttingen; Zürich: Vandenhoeck und Ruprecht 1988, S.661-681.

Sieferle, Rolf Peter: Die Konservative Revolution. Frankfurt am Main: Fischer Taschenbuch Verlag 1995.

Sontheimer, Kurt: Antidemokratisches Denken in der Weimarer Republik. München: Nymphenburger Verlagshandlung 1968.

Stauth, G. und Turner, S.T.: Nietzsche in Weber oder die Geburt des modernen Genius' im professionellen Menschen. In: Zeitschrift für Soziologie, Jg. 15, Heft 2, April 1986, S. 81-94.

Strong, T.B.: Max Weber und Sigmund Freud: Berufung und Selbsterkenntnis. In: Mommsen, W.J. und Schwentker (Hrsg.): Max Weber und seine Zeitgenossen. Göttingen; Zürich: Vandenhoeck und Ruprecht 1988, S.640-660.

Treiber, Hubert: Nietzsches „Kloster für freie Geister". Nietzsche und Weber als Erzieher. Mit Anmerkungen zum „Übermenschenkult" innerhalb der Bohème der Jahrhundertwende. In: Antes, Peter und Pahnke, Donate (Hrsg.): Die Religion von Oberschichten. Marburg: Diagonal-Verlag 1989, S.117-161.

Tönnies, Ferdinand: Der Nietzsche-Kultus. Berlin: Akademie-Verlag 1990.

Üner, Elfriede: Kulturtheorie an der Schwelle der Zeiten. In: Boshof, Egon (Hrsg.): Archiv für Kulturgeschichte. 80. Band, Heft 2. Sonderdruck. Köln; Weimar; Wien: Böhlau Verlag 1998, S.375-415.

Üner, Elfriede: Soziologie als „geistige Bewegung": Hans Freyers System der Soziologie und die „Leipziger Schule". Weinheim: VCH, Acta Humaniora 1992.

Weiß, Johannes: Max Webers Grundlegung der Soziologie. 2. Aufl. München; London; New York; Paris: Saur 1992.